ZOOM
1920
2010

CHRISTOPH BRÜLL (Hrsg.)

ZOOM 1920 2010

NACHBARSCHAFTEN NEUN JAHRZEHNTE NACH VERSAILLES

GEV

Inhaltsverzeichnis

Geleitwort
Karl-Heinz Lambertz 7

Geleitwort
Berthold Franke 11

Einführung
Christoph Brüll 15

Eine neue Weltordnung.
Die Friedensverträge 1919
und ihre Auswirkungen
Ulrich Herbert 23

Das Deutsche Reich
und der Versailler Vertrag
Jost Dülffer 53

Belgien und die Ostkantone
im Versailler Vertrag. Irredenta-Gebiet,
militärische Pufferzone oder Trostpreis?
Francis Balace 73

Die Pariser Vorortverträge, Osteuropa
und eine belgische Verbindung nach Wilna
Idesbald Goddeeris 103

Der 20. September 1920 in Geschichte und
Erinnerung der deutschsprachigen Belgier
Freddy Cremer 125

Historiographie und Zeitgeschichte
in der Deutschsprachigen Gemeinschaft
Belgiens: eine Bestandsaufnahme
Christoph Brüll 145

Hubert Mießen. Eine ostbelgische
Biographie im 20. Jahrhundert
Werner Mießen 163

Verzeichnis der Orts- und
Personennamen
193

Autoren
205

Karl-Heinz Lambertz

Geleitwort

Im Jahr 1920 wurden das damalige Gebiet Eupen-Malmedy sowie Neutral-Moresnet belgisch. Damit wurde eine von den Siegermächten erlassene Bestimmung zur europäischen Nachkriegsordnung Wirklichkeit. Die Menschen in dieser Region mussten sich diesem Staatenwechsel fügen, die vorausgegangene Volksbefragung wird von Historikern zu Recht als Farce bezeichnet.

Die Behauptung, dass mit diesem Staatenwechsel zu der damaligen Zeit bereits eine Zwangsläufigkeit hin zur heutigen Deutschsprachigen Gemeinschaft besiegelt worden wäre, würde möglicherweise den Tatbestand einer historischen Konstruktion erfüllen. Jedoch ist der Staatenwechsel 1920 genau wie die Festlegung der vier Sprachgebiete und die Schaffung des Gliedstaates Deutschsprachige Gemeinschaft in der zweiten Hälfte des 20. Jahrhunderts ein wichtiger Erinnerungsort für unser Gebiet.

Die Veranstaltung vom September 2010 sollte zweierlei leisten: zum einen die Bedeutung und die Folgen des Versailler Vertrages für den Landstrich zwischen Kelmis und Ouren sowie die beiden direkt betroffenen Staaten Belgien und Deutschland beleuchten. Und zum anderen diese Entwicklung in Kontrast stellen zu der Entwicklung in anderen europäischen Regionen, für die die Pariser Vorortverträge – so der übergeordnete Begriff – ebenfalls eine bedeutsame historische Wegmarke waren. Diesen Ansatz soll der Begriff „Zoom" verdeutlichen, denn in den vorliegenden Beiträgen werden das Teleobjektiv und das

Karl-Heinz Lambertz

___

Weitwinkelobjektiv aufgeschraubt. Diese Nebeneinandersetzung verschiedener Entwicklungen verdeutlicht, dass die Geschichte der Deutschsprachigen Gemeinschaft eine Erfolgsgeschichte ist. Eine Erfolgsgeschichte deshalb, weil ein anderer möglicher Weg die Assimilation, das Verdrängen der deutschen Sprache ins Private, gewesen wäre. Die realen Beispiele in Europa zeugen davon, dass dies kein rein theoretischer Gedankengang ist.

Die Geschichte unserer Region und das gemeinsame Schicksal sind das uns Einende. Aus diesem Grunde ist auch die Befassung mit der eigenen Geschichte nicht nur von wissenschaftlichem Wert, sondern bildet – neben anderen Zutaten – den Nährboden für die regionale Identität der Menschen in diesem „Grenzland seit Menschengedenken", um den Titel eines wichtigen Beitrages zur Regionalgeschichte aus den 1990er Jahren zu zitieren.

Unter regionaler Identität sei hier das Vorhandensein einer gefestigten, selbstbewussten und natürlich auch selbstkritischen Beziehung der Menschen zu ihrer Heimat verstanden, deren Geschicke auf institutioneller Ebene vor allem in den Händen der Gemeinden und der Gemeinschaft liegen. Ein weiteres wichtiges Element ist eine offene Geisteshaltung. Dabei sind diese beiden Konzepte nicht entgegengesetzt sondern komplementär und befinden sich in einer positiven Wechselwirkung.

Eine regionale Identität kann nicht einfach geschaffen werden, sie muss sich entwickeln. Die Möglichkeiten der öffentlichen Hand sind dabei begrenzt. Allerdings kann sie neben einem hochwertigen Angebot an Dienstleistungen durch gezielte Initiativen identitätsstiftende Prozesse in Gang setzen, beispielsweise durch den im

Regionalen Entwicklungskonzept festgehaltenen Anstoß zur systematischen Befassung mit der eigenen Geschichte. Es soll in erster Linie ein Prozess in Gang gesetzt werden, bei dem es auf eine sinnvolle Aufgabenteilung zwischen denjenigen, die Forschen und Schreiben, und der öffentlichen Hand ankommt. Dieses Ansinnen kann nur von Erfolg gekrönt sein, wenn es bei der Verwirklichung dieser Aufgabe genügend Menschen mit dem erforderlichen bürgerschaftlichen Engagement gibt. Wie in vielen anderen Bereichen ist es auch hier wichtig, sowohl kurzfristige als auch langfristige Ziele im Auge zu haben und auch den Weg als Ziel zu begreifen.

Die Tagung Zoom 1920-2010 war das gemeinsame Kind der Deutschsprachigen Gemeinschaft und des Goethe-Instituts in Brüssel. Die Zusammenarbeit war in der gesamten Konzeptions- und Vorbereitungsphase sehr bereichernd. Aus diesem Grunde gebührt mein besonderer Dank dem Leiter des Goethe-Instituts, Dr. Berthold Franke. Des Weiteren gilt mein Dank allen Referenten, dem Moderator des Rundtischgespräches, Herrn Michael Martens, sowie dem Botschafter der Bundesrepublik Deutschland beim Königreich Belgien, Herrn Prof. Dr. Reinhard Bettzuege, für seinen Begrüßungsvortrag. Des Weiteren danke ich Herrn Dr. Christoph Brüll für die wissenschaftliche Begleitung der Tagung und die Herausgeberschaft des Tagungsbandes, Herrn Dieter Cladders für die organisatorische Vorbereitung und Herrn Dr. Stephan Förster für die Gesamtleitung des Projektes.

Ich wünsche Ihnen eine angenehme Lektüre!

Im Dezember 2011

Karl-Heinz Lambertz
Ministerpräsident der Deutschsprachigen Gemeinschaft Belgiens

Berthold Franke

Geleitwort

Geschichte ist nicht fair. Nur selten gibt es Gerechtigkeit für die Opfer und immer wieder werden Menschen, auch große Menschengruppen, in Haftung genommen für Taten, die sie selbst nicht begangen haben. Die furchtbare Logik des Krieges, das haben die Deutschen im 20. Jahrhundert auf grausame Weise lernen müssen, bedingt, dass, wer einmal Wind gesät hat, am Ende Sturm ernten wird.

Über Täter und Opfer, über Schuld und Verantwortung ist viel geredet und geschrieben worden. In der Realität stehen immer wieder Kollektive einander gegenüber, die den schlimmen Kreislauf der Vergeltung nicht durchbrechen können, sondern auch nach Generationen die einmal geübte Opferrolle zum Zentrum einer narzisstisch überzogenen Identitätskultur machen. Man erzählt sich, ohne Blick auf das Gegenüber, wieder und wieder die schlimmen Geschichten des eigenen Leids, anstatt die Ursachen und Verstrickungen der gemeinsamen Geschichte aufzudecken. Der Schlüssel zur Überwindung dieses Zirkels liegt in einer gemeinsamen zugleich emotionalen und analytischen Anstrengung des Verstehens und Erklärens. Doch reicht das alleine?

Mit unserer Tagung zur Geschichte der belgischen Deutschsprachigen Gemeinschaft, die mit den Ergebnissen des Ersten Weltkriegs und dem Versailler Vertrag ihren Ausgang nahm, haben wir ein kleines, aber bedeutsames Kapitel der jüngeren europäischen Geschichte aufgegriffen. Das Spannende an diesem Kapitel ist die Beschreibung eines Weges, dessen Beginn von Krieg, Gewalt und Diktat gezeichnet ist, an dessen Ende aber die Erfolgsgeschichte eines kleinen Landstrichs in einer alten europäischen Kulturlandschaft berichtet werden kann, die ihresgleichen sucht. Am Anfang steht Krieg, am Ende stehen Frieden, Aussöhnung und der Erfolg einer kulturellen und historischen Gemeinschaft im Königreich Belgien, die heute ihre ganz besondere Rolle nicht nur zwischen Deutschland und Belgien, sondern für ganz Europa spielt.

Unsere Tagung war entsprechend in doppelter Absicht geplant: zum einen die Revision und Vergegenwärtigung der Geschichte im deutsch-belgischen Grenzraum, die, wenn man die alte Unversöhnlichkeit und das grausame Fortwirkten von kriegerischen Konstellationen hinter sich lassen möchte, ganz unbedingt auch das konkrete Leid vieler Menschen ins Auge fassen muss. Zum anderen sollte aber auch das Beispielhafte der lokalen und regionalen Geschichte verdeutlicht werden, gerade um die Parallelen innerhalb Europas zu vergegenwärtigen.

Warum sind an anderen Schauplätzen der liegen gebliebenen Geschichte des ersten Weltkriegs nicht vergleichbare Erfolge zu verzeichnen? Das Menetekel der Balkankriege der Neunzigerjahre steht uns allen noch konkret vor Augen. Warum konnten, anders als in Jugoslawien oder anderen Ländern Trianon-Vertrags, Deutsche und Belgier zum Wohl ihrer eigenen Zukunft ihren Frieden miteinander finden? Die Zeit, eine der wichtigsten Voraussetzungen dafür, war ja in beiden Fällen gleich lang.

Geleitwort

Die Antwort ist einfach und komplex zugleich, und sie ist in einem Wort zu geben: Europa. Allein die Tatsache, dass Europa nach den Verheerungen der Kriege seine Zukunft im großartigen Werk der europäischen Integration gefunden hat, hat auch die aus der Perspektive der zwanziger, vierziger oder fünfziger Jahre vielleicht noch unmöglich erscheinende Auflösung der Konfrontation zwischen Deutschland und Belgien ermöglicht. Insofern galt unsere Tagung nicht nur einem besonderen Kapitel der europäischen Geschichte, sondern, wie wir es im Blick auch auf andere Problemzonen in der Konstellation nach dem Ersten Weltkrieg versucht haben, einem Lehrstück. Einem Lehrstück, das bei genauerem Hinsehen über Aussagekraft auch weit über Europa hinaus verfügt.

Für das Goethe-Institut in Belgien, das von Brüssel aus natürlich auch in europäischer Perspektive arbeitet, war diese Tagung, wie die nun vorliegende Dokumentation zeigt, ein großer intellektueller Gewinn. Unser Dank gilt allen Referenten, Partnern und Mitwirkenden, vor allem der Deutschsprachigen Gemeinschaft und ihrem Ministerpräsidenten.

Brüssel, Dezember 2011

Berthold Franke
Regionalleiter Südwesteuropa und
Europabeauftragter des Goethe-Instituts

Christoph Brüll

Einführung

Am 28. Juni 1919 unterzeichneten die Bevollmächtigten Deutschlands und von 32 „alliierten und assoziierten Mächten" im Spiegelsaal des Versailler Schlosses den Friedensvertrag, der die Niederlage des Deutschen Reiches im Ersten Weltkrieg formell besiegelte. In den Artikeln 32-34 heißt es:

Art. 32: Deutschland erkennt die volle Souveränität Belgiens über das ganze streitige Gebiet von Moresnet (so genanntes Neutral-Moresnet) an.

Art. 33: Deutschland verzichtet zugunsten Belgiens auf alle Rechte und Ansprüche auf das westlich der Straße Lüttich-Aachen liegende Gebiet von Preußisch-Moresnet. Die am Rande dieses Gebietes verlaufende Strecke der Straße gehört Belgien.

Art. 34: Deutschland verzichtet außerdem zugunsten Belgiens auf alle Rechte und Ansprüche auf das gesamte Gebiet der Kreise Eupen und Malmedy.

Während sechs Monaten nach Inkrafttreten des gegenwärtigen Vertrags werden von der belgischen Behörde in Eupen und Malmedy Listen ausgelegt; die Bewohner dieser Gebiete sind berechtigt, darin schriftlich den Wunsch auszudrücken, dass diese Gebiete ganz oder teilweise unter deutscher Souveränität verbleiben.

Es ist Sache der belgischen Regierung, das Ergebnis dieser Volksabstimmung zur Kenntnis des Völkerbunds zu bringen, dessen Entscheidung anzunehmen Belgien sich verpflichtet.[1]

---

[1] Zitiert nach Freddy Cremer und Werner Mießen: Spuren. Materialien zur Geschichte der Deutschsprachigen Gemeinschaft Belgiens. Einführung, Eupen 1995, S. 10; der Vertragstext im Internet: http://www.dhm.de/lemo/html/dokumente/versailles/index.html [15.09.2011].

Christoph Brüll

Wenige Sätze, um aus Deutschen Belgier zu machen und die Nachbarschaftsverhältnisse an der deutsch-belgischen Grenze zu verschieben. In den pointierten Worten Freddy Cremers: „Für die Einwohner der Ostkantone waren die Entscheidungen der Fürsten- und Friedenskonferenzen nicht nur abstrakte Schulbuchweisheiten. Geschichte wurde in ihrer ganzen Dramatik erlebt, denn hier wichen die Maßstäbe der Staatsräson den Kategorien des Hüben und Drüben` des kleinen Mannes."[2] Niemand wird bestreiten können, dass die Daten 1815 – Wiener Kongress –, 1919/20 – Versailler Vertrag und Angliederung an Belgien –, 1940 – Annexion durch das Dritte Reich – und 1944/45 – Rückkehr zu Belgien – Zäsuren in der jüngeren Geschichte der heutigen Deutschsprachigen Gemeinschaft Belgiens markieren. Nationalitätenkonflikt, Krieg, Zerstörung und gewaltsamer Tod sind nicht an dem kleinen Gebiet vorbeigegangen. Und auch wenn die Entwicklung Belgiens zum Bundesstaat und das damit verbundene Nebenprodukt der Einrichtung eines Minderheitenstatus und einer eigenen gliedstaatlichen Ebene für dieses Gebiet manchmal den Eindruck von etwas Besonderem oder auch von Alleinstellung vermitteln mögen, kann diese Vergangenheit nur verstanden werden, wenn man sie in einen größeren Kontext stellt.

Diese Absicht leitete die Organisatoren der Tagung „ZOOM 1920-2010. Nachbarschaften neun Jahrzehnte nach Versailles", die im September 2010 zum 90. Jahrestag der Eingliederung der beiden damals deutschen Kreise Eupen und Malmedy durch Belgien

[2] Freddy Cremer: „Verschlusssache Geschichte". Über den Umgang mit der eigenen Vergangenheit, in: ders., Andreas Fickers und Carlo Lejeune: Souren in die Zukunft. Anmerkungen zu einem bewegten Jahrhundert, Büllingen 2001, S. 9-26 (hier S. 11).

Einführung

in St. Vith stattfand.[3] Der vorliegende Band dokumentiert die verschiedenen Beiträge dieser Veranstaltung. Wie der Konferenztitel ausdrückt, sollte dabei die Geschichte „gezoomt" werden, um ein möglichst vielschichtiges Bild des Versailler Vertrags und seiner Folgen zeichnen zu können. Deshalb bilden Beiträge, die sich direkt mit der Geschichte unserer Region befassen, bewusst nur einen Teil des Buchs; vielmehr sollen auch grundsätzlichere Fragen zur Entstehung des Versailler Vertrags, seiner Wahrnehmung durch die Zeitgenossen und seiner Einordnung durch die Historiker in das Blickfeld rücken. Zudem wurden die Beispiele geographisch entfernterer Regionen wie Osteuropa und Südosteuropa analysiert, wobei leider der Vortrag von Marie-Janine Calic (München) zu den Auswirkungen der Friedensregelungen auf den Balkan in diesem Band nicht dokumentiert werden konnte.

Der Versailler Vertrag gehörte lange Zeit zu den „heißen Eisen" der Zeitgeschichtsschreibung, dessen Aufarbeitung immer auch von politischer Instrumentalisierung begleitet wurde. Darüber wird allzu leicht vergessen, dass dieser Vertrag nur einer von fünf so genannten Pariser Vorortverträgen ist, die 1919 und 1920 geschlossen wurden. Dazu gehören auch die Verträge von Saint-Germain-en-Laye mit Österreich, von Neuilly-sur-Seine mit Bulgarien, von Trianon mit Ungarn und von Sèvres mit dem Osmanischen Reich (der allerdings 1923 in Lausanne zugunsten der neu entstandenen Türkei abgeändert wurde). Diese radikalen Veränderungen der Karte Europas – und, teilweise, dessen Einflussgebiete in Übersee – gehören

---

[3] Es sei erwähnt, dass die Eingliederung Neutral-Moresnets (wo keine Befragung der Bevölkerung vorgesehen war) durch Belgien bei Inkrafttreten des Vertrags am 10. Januar 1920 wirksam wurde.

mit ihren Folgen entscheidend zur Gewaltgeschichte des 20. Jahrhunderts.[4] Für ein direkt betroffenes Gebiet, das sich mit dem Umgang mit dieser Geschichte nicht leicht getan hat (und noch tut), was sich gerade auch im Verhältnis zu seinen Nachbarn manifestiert, sind dies gute Gründe, einmal genauer hinzuschauen.

Den Auftakt bildet der Beitrag von Ulrich Herbert zum Platz des Versailler Vertrags in der Geschichte des 20. Jahrhunderts. Darin analysiert der Autor zunächst die verschiedenen Interpretationen des Vertrags durch mehrere Generationen von Historikern, bevor er sich mit den allgemeinen Grundlagen des Friedensvertrags auseinandersetzt. Dabei arbeitet er die Konflikte zwischen der Anwendung völkerrechtlicher Prinzipien – vor allem den 14 Punkten des amerikanischen Präsidenten Woodrow Wilson – und realpolitischen Zwängen heraus, zwischen denen die Verhandlungen stets oszillierten.

Jost Dülffer beschäftigt sich mit der Haltung des Deutschen Reiches gegenüber dem Vertrag, wobei er auch sehr deutlich Stellung zu den Fragen bezieht, die den deutschen Umgang damit jahrzehntelang und bis heute beherrscht haben: War der Versailler Vertrag ein Diktat? Welche ist seine Rolle beim Aufstieg Adolf Hitlers und der NSDAP bzw. inwiefern bildeten der Vertrag und seine Wahrnehmung eine Hypothek für die Weimarer Republik?

Im Gegensatz dazu fragt Francis Balace nach der Vorgeschichte des Vertrags aus belgischer Perspektive. Welche Reparationsforderungen stellte Belgien? Welche sind die Hintergründe für diese Forderungen?

---

[4] Die Perspektive der Gewaltgeschichte bei Mark Mazower: Der dunkle Kontinent. Europa im 20. Jahrhundert, Berlin 2000.

Einführung

Warum erhielt das Land schließlich „nur" die beiden Kreise Eupen und Malmedy? Der Aufsatz ist ein Lehrstück für die Offenheit historischer Entwicklungen und – in gewissem Sinn – eine Entzauberung belgischer Geschichtsbilder, die aus dem 19. Jahrhundert stammen und sich bis in die Zeit nach 1945 gehalten haben. Zudem liefert er Schlüssel zum Zustandekommen der in Artikel 34 des Vertrags vorgesehenen „Volksbefragung".[5]

Idesbald Goddeeris weitet unsere Perspektive mit seinem Beitrag, indem er die westeuropäische Sichtweise auf die Pariser Vorortverträge zugunsten einer Rundreise durch Ost- und Südosteuropa verlässt, in der knapp die Auswirkungen der Vertragsregelungen bzw. auch von deren Ausbleiben skizziert werden. Darüber hinaus schlägt er den Bogen nach Belgien, wenn er auf die Rolle des liberalen belgischen Politikers Paul Hymans eingeht, der als Vertreter des Völkerbundes im Konflikt zwischen Polen und Litauen vermitteln sollte, bei dem es nicht zuletzt um die staatliche Zugehörigkeit der Stadt Wilna ging.

Drei Beiträge beschäftigen sich schließlich mit der Geschichte unserer Region. Zunächst entschlüsselt Freddy Cremer anhand des Datums vom 20. September 1920 – also dem Tag, an dem der Völkerbund die Eingliederung Eupen-Malmedys durch Belgien endgültig guthieß – die „verordneten" Geschichtsbilder, die den Umgang mit der jüngsten Vergangenheit bestimmten oder auch verhinderten. Schließlich stellt er die Frage nach der Bedeutung der Geschichte für die Identität der deutschsprachigen Belgier und verweist – vielleicht deutlicher als in seinen bisherigen

---

[5] Es sei daran erinnert, dass bei der von belgischen Behörden im ersten Halbjahr 1920 organisierten Volksbefragung nur 271 von 33726 Stimmberechtigten schriftlich ihre Ablehnung der Eingliederung durch Belgien äußerten. Die Art der Durchführung und die Angst der Bevölkerung vor tatsächlichen oder vermeintlichen Strafmaßnahmen gegen diejenigen, die sich gegen Belgien aussprachen, ließen die Befragung schnell zur *petite farce belge* werden. Der Grund für die Revisionsforderungen der Zwischenkriegszeit war damit bereitet.

Christoph Brüll

Arbeiten – auf die Sackgasse, in die eine monolithische und statische Identität führen würde.

Christoph Brüll analysiert in seinem Beitrag die Rolle der Historiker bei der wissenschaftlichen Aufarbeitung der Zeit zwischen den beiden Weltkriegen. Dabei betont er die Standortgebundenheit des Historikers, deren Nichtberücksichtigung ein entscheidendes Hindernis für eine sachliche Beschäftigung mit der ostbelgischen Vergangenheit war und ist. Auch enthält sein Beitrag einige – keinesfalls allumfassende – Vorschläge, wie diese historische Arbeit zukünftig aussehen könnte.

Im letzten Beitrag wagt Werner Mießen mit der Biographie seines Vaters Hubert (1908-1991) den Spagat zwischen Familiengeschichte und Historie. Es ist dies auch der Versuch, anhand eines – freilich nicht ganz zufällig gewählten – Protagonisten die subjektive Vielschichtigkeit ostbelgischer Biographien des letzten Jahrhunderts darzustellen, ohne in Belanglosigkeit oder platte Opferdiskurse zu verfallen. Wenn bei den Lesern dadurch eine Anregung zum kritischen Nachdenken über die eigene Familiengeschichte auch in größeren Zusammenhängen ausgelöst wird, hätte der Beitrag auch ein Ziel der Tagungsorganisatoren erreicht.

In den 1990er Jahren ist oft betont worden, wie schwach ausgeprägt das Wissen der deutschsprachigen Belgier über ihre eigene Geschichte ist.[6] Ob zwischenzeitlich Besserung eingetreten ist, darüber müssten erst empirische Studien befinden. Ob man sich mit diesem Befund nicht in guter (schlechter ...) Gesellschaft glauben darf, müssten Vergleiche belegen.

[6] Freddy Cremer, Andreas Fickers und Carlo Lejeune: Jugend '98 in guter Gesellschaft? Meinungsbilder aus der Deutschsprachigen Gemeinschaft Belgiens, Büllingen 1998.

Einführung

Welche Rolle dem Geschichtsunterricht und der Erwachsenenbildung bei der Vermittlung von Geschichtswissen zukommen kann, darüber mag trefflich gestritten werden. Die jüngsten Debatten um die Zukunft Belgiens und um den Platz der Deutschsprachigen Gemeinschaft in der Entwicklung des Föderalstaates haben jedoch mehr als einmal aufgezeigt, dass Geschichte vor allem emotional (und nicht gerade faktengetreu) in die Debatten (in Leserbriefspalten; man könnte auch die einschlägigen Internetforen von BRF und Grenz-Echo erwähnen) eingebracht wird.[7] Insofern versteht sich dieses Buch – gerade durch seine Auseinandersetzung mit Geschichtsbildern – auch als ein Beitrag zur Förderung einer (historisch) aufgeklärten Debattenkultur und liefert vielleicht einige Schlüssel zum Verständnis dafür, dass diese demokratische Streitkultur auch im Hier und Jetzt zwischen Kelmis und Ouren durchaus keine Selbstverständlichkeit ist. Ziel der Autoren war denn auch nicht die Ausarbeitung eines Fachbuchs, sondern das Erreichen eines möglichst breiten Leserkreises, was entgegen landläufiger Meinungen nicht im Gegensatz zu wissenschaftlichem Anspruch stehen muss. Es blieb den Autoren überlassen, eine schriftliche Fassung ihrer Vorträge oder eine eigene Textfassung einzureichen. Alle Beiträge wurden jedoch um Anmerkungen oder ein Literaturverzeichnis erweitert.

Grenzregionen mit ihren politischen, mentalen und sozioökonomischen Merkmalen sind in den letzten Jahren wieder verstärkt in das Zentrum sozial- und kulturwissenschaftlicher Forschung gerückt.

---

[7] Cremer: Verschlusssache, S. 17-19; Carlo Lejeune und Klaus-Dieter Klauser: Die Säuberung, Bd. 3: Verdrängte Erinnerungen – 340 Zeitzeugen berichten, Büllingen 2008, S. 328-329 analysieren verschiedene Leserbriefe aus der Tageszeitung „Grenz-Echo". Auch während diese Zeilen verfasst werden, liefern mehrere Leserbriefschreiber in Plädoyers für die Zugehörigkeit zu Belgien unfreiwillig ein Zeugnis für die mangelnde Kenntnis der eigenen Geschichte. Z.B. Grenz-Echo, 13.9.2011, S. 2; ebd., 21.09.2011, S. 2.

Christoph Brüll

Der Blick auf andere Nachbarschaftsverhältnisse, deren Situation ebenfalls sehr stark durch ihre Grenzlage und die Auseinandersetzung mit einem größeren Nachbarn geprägt ist, scheint immer deutlicher werden zu lassen, dass eine sachliche und gelassene Sicht in historischer Perspektive nur dann möglich ist, wenn man dies zunächst diesseits der Grenze leistet.[8] Und dies beginnt mit dem Wissen um die eigene Geschichte und sollte ganz sicher nicht dazu führen, in unseren Köpfen alte durch neue Grenzen zu ersetzen.

---

[8] Siehe dazu Bernard Ludwig und Andreas Linsenmann: Einleitung, in: dies. (Hg.): Frontières et réconciliation. L'Allemagne et ses voisins depuis 1945, Frankfurt a.M./Brüssel, 2011, S. 41; darin Christoph Brüll, Le rôle de l'espace frontalier dans le rapprochement belgo-allemand depuis 1945, S. 161-179.

Ulrich Herbert

Eine neue Weltordnung. Die Pariser Friedensverträge 1919 und ihre Auswirkungen

Die Auseinandersetzung der Historiker mit den Pariser Friedensverträgen von 1919/20 und vor allem mit dem Deutschland betreffenden Vertrag von Versailles hat schon seit langem selbst historischen Charakter angenommen. Die Stationen dieser Auseinandersetzung in den vergangenen 90 Jahren geben Hinweise auf die Wandlungen und die extremen Ausschläge des politischen Geschichtsbilds in Deutschland.

Dass in den 25 Jahren nach Versailles die Interpretation des Friedensvertrags vom Geschichtsbild des Radikalnationalismus geprägt war, ist ein Gemeinplatz. „Das Friedensdiktat", so las man im Jahre 1923 in Gebhardts Handbuch der Deutschen Geschichte, „bedeutete nichts mehr und nichts weniger als die kaltblütige Erdrosselung Deutschlands. Gallische Rachsucht, angloamerikanische Geschäftsgier und italienische Raubinstinkte feierten hier wahre Orgien".[1] Ebenso wie Versailles die deutschen Historiker prägte, beeinflusste die historiographische Agitation gegen das „Schanddiktat" das Weltbild der Deutschen. Die Chancen zu einer europäischen Verständigung, die sich in den 1920er Jahren ja auch boten, wurden jedenfalls von den deutschen Historikern nicht wahrgenommen, und niemand anders als Gerhard Ritter, der ja zu den

---

[1] Georg Schuster: Der Friedensvertrag von Versailles, in: Gebhardts Handbuch der Deutschen Geschichte, hg. v. A. Meister, Bd. 3., 6. Aufl. Stuttgart u.a. 1923, S. 689-692, hier S. 690, zit. n. Christoph Cornelißen: „Schuld am Weltfrieden": Politische Kommentare und Deutungsversuche deutscher Historiker zum Versailler Vertrag 1919-1933, in: Gerd Krumeich (Hg.): Versailles 1919. Ziele, Wirkung, Wahrnehmung, Essen 2001, S. 237-258.

schärfsten Kritikern des Vertragswerks gehört hatte, schrieb nach dem Zweiten Weltkrieg: "Daß wir sie (diese Chancen) verfehlt haben und in maßloser Ungeduld, in blindem Haß gegen das sogenannte Versailler System uns einem gewalttätigen Abenteurer in die Arme stürzten, ist das größte Unglück und der verhängnisvollste Fehltritt unserer neueren Geschichte."[2]

Gleichwohl wurde auch noch die Fischer-Kontroverse, der große Historikerstreit der 1960er Jahre um die Frage der deutschen Kriegsschuld, in den Frontreihen des Kampfes gegen Versailles und in Sonderheit gegen den Kriegsschuldparagraphen geführt, denn Fischers Thesen schienen ja den Anschuldigungen der Alliierten Recht zu geben, wonach Deutschland den Ersten Weltkrieg bewusst herbei geführt habe und allein die Schuld daran trage, mithin also auch für alle Schäden aufkommen müsse. Damit wurde die zentrale Legitimationsgrundlage des deutschen Nachkriegsnationalismus in Frage gestellt, und zugleich auch das wichtigste deutsche Entlastungsargument nach dem Zweiten Weltkrieg: Schuld an Hitlers Aufstieg war Versailles!

Es lag wohl an dieser argumentativen Verbindung, warum sich eine Historisierung des Versailler Friedensvertrags und auch eine Öffnung der analytischen Perspektive über das nationalstaatliche Interesse hinaus so schwer durchsetzen ließen. Denn auch die nun, seit den späten 1960er Jahren, sich durchsetzende entgegengesetzte Interpretation verblieb ja in diesem Kontext: Deutschland habe die in dem Vertrag liegenden Möglichkeiten nicht erkannt, hieß es dort, schließlich sei es nicht nur innerhalb weniger Jahre bereits wieder

---

[2] Gerhard Ritter: Der Versailler Vertrag von 1919, in: P. Schneider (Hg.): Gratias Agimus, Gütersloh 1951, S. 102-109, hier S. 108, zit. n. ebd., S. 238.

zur wirtschaftlich stärksten Kraft in Europa aufgerückt, sondern habe auch seinen Großmachtstatus behalten und die auferlegten Reparationslasten nach kaum mehr als zehn Jahren weitgehend rückgängig machen können. Noch in den Vorträgen der Konferenz zum 75. Jahrestag des Vertrags in Berkeley 1994 war dies die bestimmende Perspektive: Der Vertrag, so die einhellig vertretene Botschaft dieser Konferenz, sei unter den obwaltenden Umständen ein noch akzeptabler Kompromiss gewesen, zumal die deutsche Kriegsschuld ebenso wie die Reparationsverpflichtung unbestreitbar sei. Der deutsche Nachkriegsnationalismus, so suggeriert diese Interpretation, war auf falschen Voraussetzungen aufgebaut, er war gewissermaßen ein Irrtum: Versailles war nicht so schlecht wie immer gedacht. Die hier eingenommene historiographische Haltung verblieb noch ganz in den politisch-pädagogischen Kategorien der Fischer-Kontroverse. Ziel war die Widerlegung des deutschen Nachkriegsnationalismus, der nach 1990 womöglich als erneut bedrohlich erschienen sein mochte – nicht die Analyse der Ursachen des eklatanten Nachkriegsnationalismus in Deutschland und Ostmittel- und Südosteuropa oder der historischen Bedeutung der Pariser Friedensverhandlungen.

Gegen solche Verkürzungen hatte sich schon seit den 1980er Jahren und zunehmend in den vergangenen 15 Jahren eine stärker erfahrungs- und mentalitätsgeschichtliche Forschung gewandt, welche die Wahrnehmung der Nachkriegssituation, die zeitgenössische Interpretation des Versailler Vertrages, die eskalierenden Überbietungen seiner Ablehnung durch den deutschen

Ulrich Herbert

Nachkriegsnationalismus mit den Erfahrungen und Erwartungen des Krieges, der Durchsetzung der medialen Massenöffentlichkeit, der Formation der politischen Massenorganisationen in Verbindung setzte. „Dazu gehört", schrieb Gerd Krumeich vor zehn Jahren zum 80. Jahrestag von Versailles, „den Ängsten, der Empörung, dem Haß genau so nachzugehen wie den Hoffnungen und Utopien der Menschen von 1919."[3] Der italienische Nachkriegsnationalismus etwa, der ja im Zuge der Enttäuschungen viel zu hoch gespannter Erwartungen der Bevölkerung eines der Hauptsiegerländer des Krieges entstand, ist aus der Analyse der tatsächlichen Gewinne und Verluste Italiens überhaupt nicht zu erklären, sondern allein aus einer Analyse der Erwartungen und der Hoffnungen der Protagonisten, ihrer kulturellen Werteordnung und politischen Emotionen.

Und doch verblieb auch dieser Ansatz in der auf Versailles und die davon ausgehende Dynamisierung des Nachkriegsnationalismus in Deutschland und anderen Ländern konzentrierten nationalstaatlichen Perspektive stehen und nahm nur einen kleinen Ausschnitt dessen wahr, was bei den Pariser Friedensverhandlungen geschah. Dagegen hat sich in den vergangenen etwa 10 Jahren eine andere Perspektive auf die Pariser Verhandlungen ergeben. Sie war stark von den US-amerikanischen Historikern und den frühen deutschen Studien etwa von Klaus Schwabe, Gerhard Schulz oder Erwin Viefhaus, die noch im Kontext der Nachwirkungen der Fischer-Kontroverse entstanden waren. Ihr Ausgangspunkt war nicht länger die Frage, ob Versailles zu Hitler geführt habe oder eventuell doch nicht, sondern setzt grundsätzlicher an. Denn in Paris wurde

[3] Gerd Krumeich: Einleitung, in: ders. (Hg.), Versailles, S. 12.

Eine neue Weltordnung. Die Pariser Friedensverträge 1919 und ihre Auswirkungen

ab 1919 ja nicht nur mit dem deutschen Kriegsgegner abgerechnet. Vielmehr ging es, nach dem Zusammenbruch der drei Großmächte Deutschland, Österreich-Ungarn und Russland, die allesamt als multiethnische Reiche konzipiert waren, um die Neuordnung fast der gesamten europäischen Staatenwelt und, im Zeitalter des Imperialismus, über die kolonialen Besitzungen der Verlierer auch um erhebliche Teile der außereuropäischen Regionen. Es ging tatsächlich um eine neue Ordnung der Welt, nachdem die alte (und das war letztlich diejenige des Wiener Kongresses von 1815, mit dem Beginn des Krieges von 1914, den sie nicht hatte verhindern können) untergegangen war. Grundprinzipien des Zusammenlebens von ethnischen Mehr- und Minderheiten in Nationalstaaten wurden hier entworfen. Grenzen und Einflusszonen in den Kolonialgebieten des Nahen Ostens, Afrikas und Asiens neu bestimmt. Die heutigen Konflikte in Palästina, im Irak, in Afghanistan, in Ruanda lassen sich zu einem guten Teil auf die Entscheidungen der Pariser Konferenz zurückführen.

Eine stabile Friedensordnung aber konnte die Friedenskonferenz nicht etablieren. Warum aber funktionierte in Paris 1919 nicht, was 25 Jahre später in Potsdam 1945, als ein zweiter Anlauf der globalen Neuordnung begonnen wurde, gelang? Welche Prinzipien und Interessen stießen hier aufeinander, welche setzten sich durch, welche erwiesen sich langfristig als besonders folgenreich? Welche Auswirkungen brachten dabei Verwicklungen der europäischen Mächte für die außereuropäische Welt mit sich? Und welche alternativen Ordnungsmodelle standen zur Verfügung oder bildeten sich nach den Pariser Verträgen heraus?

Ich will diesen Fragen in den folgenden Überlegungen in vier Schritten nachgehen. Ich beginne mit den Voraussetzungen der Pariser Konferenz, behandle dann zweitens kurz die den 14 Punkten des amerikanischen Präsidenten zugrunde liegenden Vorstellungen und skizziere dann drittens die vier Hauptkomplexe der Verhandlungen – Deutschland, Ostmittel- und Südosteuropa, den Nahen Osten und die Kolonien – um am Ende zu versuchen, einige allgemeine Schlussfolgerungen zu entwickeln.

1. Voraussetzungen

Schon von ihrer Größenordnung her unterschied sich die Pariser Friedenskonferenz von allen vorherigen. Mehr als zehntausend Personen waren daran direkt beteiligt, allein die Delegation der USA umfasste mehr als 1000 Personen. Vertreter von 40 Nationen nahmen an der Konferenz teil, an ihrer Spitze die großen vier, die Vertreter des gastgebenden Frankreich, Großbritanniens, der USA und – Italiens.

Die Aufgabe, die sie bewältigen sollten, war enorm. Stark vereinfacht, kann man sechs Problemfelder definieren.

Deutschland, der besiegte Hauptgegner, dessen Machtzuwachs nach der Überzeugung vor allem der europäischen Siegerstaaten das europäische Gleichgewicht zerstört hatte und dessen Machtpotentiale ebenso wie seine territoriale Ausdehnung verringert werden sollte.

Das zusammengebrochene Österreich-Ungarn und die Verwandlung seiner Territorien in zahlreiche autonome Nationalstaaten. Damit stand die Frage der ethnischen

Eine neue Weltordnung. Die Pariser Friedensverträge 1919 und ihre Auswirkungen

Minderheiten in diesen neuen Nationalstaaten auf dem Programm - das betraf im Norden die Polen, im Nordwesten die Tschechen und Slowaken, im Westen die Deutschen, im Süden die Kroaten, Serben und Slowaken, im Osten Ungarn, Bulgaren und Rumänen. Unklar war auch, wie im Streit zwischen Italien und Österreich um Südtirol verfahren werden sollte und welche Entwicklung der Konflikt zwischen Serbien bzw. den sich zusammenschließenden Südslawen und Italien nahm.

Russland, das 1917 kommunistisch geworden war, hatte sich von einem Verbündeten in eine potentielle Bedrohung des Westens verwandelt. Es war ganz offen, welche Entwicklung die in Russland lebenden nichtrussischen Minderheiten nehmen würden, zumal sich Russland während der Konferenz im Bürgerkrieg, später im Krieg mit Polen befand. Die europäischen Westmächte unterstützten die konterrevolutionären Truppen, die gegen die Rote Armee kämpften, und mehrfach wurde die Option einer direkten militärischen Intervention erwogen.

Nach dem Zusammenbruch des Osmanischen Reiches war zu klären, wie mit dessen nichttürkischen Besitzungen im Nahen Osten zu verfahren war. Hier waren französische und britische Interessen gleichermaßen angesprochen, insbesondere in den arabischen Ländern. Ebenso harrten die gravierenden Konflikte zwischen Bulgaren und Türken sowie v.a. zwischen Griechen und Türken, die 1920 bis 1922 zu einem bewaffneten Konflikt und der Niederlage Griechenlands führten, einer Lösung.

Die deutschen Kolonien waren bereits früh während des Krieges an die Briten gefallen. Offen war, wie weiter mit diesen Regionen verfahren werden sollte, zumal der Krieg in Afrika auf Seiten der Alliierten vor allem von den Truppen der Südafrikanischen Union geführt worden war. Auf diese Weise war auch die Frage des völkerrechtlichen Status der britischen Dominions mit den Pariser Verhandlungen verknüpft.

Mit der Besetzung des deutschen Pachtgebietes Kiautschou hatte sich Japan einen Brückenkopf auf dem chinesischen Festland verschafft, den es offenbar auszudehnen gedachte. Dadurch gehörten auch die ostasiatischen Regionen und der potentielle Konflikt zwischen Japan und den USA zu den in Paris diskutierten Themen.

Die Vielzahl der offenen Fragen widerspiegelte die weltweiten Dimensionen des Ersten Weltkrieges. Aber das allein kennzeichnete nicht die spezifische Problematik dieser Konferenz, wie ein kurzer Blick auf den Wiener Kongress gut 100 Jahre zuvor zeigt. Auch damals ging es um die Neuordnung jedenfalls Europas und mithin der weltweiten Einflussgebiete aller seinerzeitigen Großmächte. Die äußerst langwierigen und zähen Verhandlungen sind vielfach beschrieben worden. Es ging um Territorien, um militärischen und wirtschaftlichen Einfluss, um Bündnisse, Machtbalance und Kompensationen – große Probleme, aber durchweg solche, die von den anwesenden Vertretern der verhandelnden Mächte selbst gelöst werden konnten. Denn es entschieden wenige ganz oder weitgehend autonome Regierungen oder gar Monarchen, während die Stimmung in den Bevölkerungen der betreffenden Regionen keinen nennenswerten Einfluss auf die Verhandlungen gewann; und auch die Bevölkerungen resp. die Untertanen selbst waren als selbständige Subjekte nicht angesprochen.

Hier hatte sich die Ausgangslage seit dem letzten Drittel des 19. Jahrhundert vollständig verwandelt, dabei stehen vier Aspekte im Vordergrund:

Erstens hatten Nationalbewegung und Nationalismus eine so dynamische Kraft entwickelt, dass die Konflikte zwischen Staaten nunmehr zum Gegenstand enthusiasmierter Massenbewegungen geworden waren, deren Dynamik die europäischen Regierungen, parlamentarisch oder autoritär, nicht mehr vollständig zu steuern vermochten, vor allem dann nicht, wenn es galt, nationale Interessen gegebenenfalls zurückzustellen. Diese Entwicklung gewann vor allem dadurch eine so enorme Bedeutung, als in der breiten Zone Mitteleuropas zwischen dem deutschen und dem russischen Sprachraum von der Ostsee bis zum Schwarzen Meer seit jeher zahlreiche, im Hinblick auf Kultur, Sprache, Religion und Tradition – den Begriff des Ethnischen vermeide ich hier – außerordentlich vielfältige Bevölkerungen vielfach gemischt zusammen lebten, sodass die Idee von Nation und Nationalstaat hier enormes Konfliktpotential mit sich brachte.

Zweitens waren die europäischen Gesellschaften, vor allem die des Westens, aber darüber hinaus ausgreifend, durch Industrialisierung, Urbanisierung und Migrationsbewegungen innerhalb weniger Jahrzehnte so starken und rapiden Wandlungsprozessen unterworfen, dass die Frage nach der zukünftigen sozialen Ordnung, die angesichts dieser Veränderungen nicht mehr die alte sein konnte, zur Kernfrage auch jeder außenpolitischen Veränderung wurde. Mit den außenpolitischen Problemen waren nun auch immer Fragen der sozialen Ordnung und der politischen Ideologien verbunden, wie der Krieg selbst ja bereits zu einem Kampf zwischen politischen Ideologien stilisiert worden war. Zudem war durch die technische und wissenschaftliche Entwicklung auch eine Kriegführung ermöglicht worden, die zu Opferzahlen nicht mehr im Bereich von Zehntausenden, sondern von Millionen und zu einer Verwischung der Grenzen zwischen Kombattanten und Nichtkombattanten geführt hatte. Auch das führte zu einer Entgrenzung der zuvor Militärs und Diplomaten vorbehaltenen Probleme des Friedensschlusses. Nach einem Totalen Krieg, so die seither viel verwendete Formel Ludendorffs, war ein pragmatischer Friedensschluss nach Art der Kabinettskriege des 18. und 19. Jahrhunderts nicht mehr möglich. Es musste auch eine politische Manifestation, der Entwurf einer neuen politischen und sozialen Weltordnung damit verbunden sein: Nach dem Totalen Krieg der totale Frieden. Solche Erwartungen waren schlechthin unerfüllbar.

Drittens hatten in Folge des enormen Zuwachses an wirtschaftlicher, wissenschaftlicher, militärischer und politischer Macht die industrialisierten Länder seit den 1870er Jahren in einer beispiellosen Expansionsexplosion fast die ganze Welt erobert, besetzt oder von sich abhängig gemacht, in Sonderheit Afrika und Asien. Der Wettstreit der Großmächte um koloniale Erweiterungen, Einflussgebiete und Stützpunkte hatte mit dem Ersten Weltkrieg eine neue Stufe erreicht und gewann mit dem Ausscheiden von Deutschland und Russland aus dem Kreis der imperialen Mächte eine neue Qualität.

Hinzu kam *viertens* die neuartige Herausforderung durch die bolschewistische Revolution in Russland, die zu einer enormen Zuspitzung der sozialen Widersprüche in den industrialisierten Ländern führte, überall kommunistische Parteien entstehen ließ und in Ungarn, in Österreich und vor allem in Deutschland revolutionäre Aufstände und konterrevolutionäre Putsche nach sich zog. Bürgerkrieg in Russland, revolutionäre Aufstände und konterrevolutionäre Putsche, Grenzkämpfe und bewaffnete Auseinandersetzungen zwischen nationalen Gruppen überall in Ostmitteleuropa – der Kontinent, um dessen Zukunft es vorrangig gehen sollte, war in Aufruhr, als die Konferenz in Paris begann.

2. Die 14 Punkte – Konzeption und Gegenvorstellungen

Mit seinen 14 Punkten hatte der amerikanische Präsident Wilson bereits am 8. Januar 1918 eine Grundlage für einen erfolgreichen Friedensschluss entwickelt, die zumal in den Ländern der Entente auf enorme Aufmerksamkeit gestoßen war und vor allem in Deutschland die Friedensbereitschaft, ja Friedenssehnsucht in der Bevölkerung maßgeblich gefördert hatte. Geistige Grundlage der 14 Punkte war das Ideenwerk der *Progressive Era* in den USA, die versuchte, die liberalen und demokratischen Prinzipien der US-amerikanischen Verfassung zu erneuern und auch auf die internationale Ebene zu übertragen. Kernpunkt des Entwurfs Wilsons, eines Politikprofessors der Princeton University, war die *League of Nations* – der deutsche Begriff „Völkerbund" enthält eine kennzeichnende Interpretation, als es eben um einen Verbund von Nationalstaaten, nicht von Völkern oder Ethnien, wie man heute sagen würde, ging. Nachdem die bisherige Struktur von Bündnissen und bilateralen Kontakten den Krieg nicht hatte verhindern können, sollte die *League of Nations* als supranationales Forum eine neue Ordnung des Rechts und der Gerechtigkeit zwischen den Nationen etablieren. Hier sollten Streitfälle um nationale Minderheiten ebenso einvernehmlich geklärt werden wie Konflikte zwischen Großmächten. Grundlage sollte dabei das Selbstbestimmungsrecht der Völker sein. Autokratische und autoritäre Systeme, so war man überzeugt, waren nun, nach dem Krieg, beseitigt. Die Prinzipien des amerikanischen Reformliberalismus würden nun die Konflikte in den internationalen Beziehungen ebenso beilegen wie sie zur Befriedung der amerikanischen Gesellschaft beigetragen hatten. *At this time of history*, hieß es am 16.11.1918 in *The New Republic*, der Zeitschrift der Intellektuellen der *Progressive Era, democracy is supreme.*[4]

Im Einzelnen enthielten die 14 Punkte eine Reihe von Grundprinzipien (Abschaffung der Geheimdiplomatie, Freiheit der Meere, Gleichheit der Handelsbedingungen, allgemeine Abrüstung), die für alle Staaten bindend sein sollten, sowie konkrete Forderungen über die territorialen Friedensregelungen, die sich ausschließlich an die Mittelmächte richteten: Räumung aller besetzten Gebiete im Westen, Südosten und in Russland, Rückgabe Elsass-Lothringens, Veränderung der italienischen Grenzen im Norden nach dem Verlauf der ethnischen Siedlungsgebiete, autonome Entwicklung der Völker Österreich-Ungarns und des Osmanischen Reiches, Errichtung Polens als selbständiger

---

[4] The Pivot of History, The New Republic, 211, 16.11.1918, S. 58, zit. n. Matthias Waechter: Versailles und der amerikanische Liberalismus, in: Krumeich (Hg.): Versailles, S. 105-112, Zit. S. 107.

Staat mit Zugang zur Ostsee – und die Schaffung der *League of Nations*.

Wilsons Vorschlag traf in den europäischen Öffentlichkeiten auf außerordentliche Zustimmung. Denn hier schien ein kühner, die Emotionen des Krieges überwindender Entwurf vorzuliegen, der durch eine Art von Weltregierung die kleinlichen Konflikte der Nationen überwinden konnte. Als Wilson, der selbst an der Pariser Konferenz teilnahm und dazu als erster amerikanischer Präsident nach Europa reiste, in Paris eintraf, wurde er von den Massen am Straßenrand stürmisch bejubelt, und vor allem in den besiegten Ländern, allen voran in Deutschland, knüpfte man große Hoffnungen an den amerikanischen Präsidenten, wenngleich die Erwartungen, es würde nun eine Art von Friedensschluss ohne Sieger und Besiegte geben, schon von Zeitgenossen als vollkommen unrealistisch kritisiert wurden.

Indes waren die Ideen der *Progressive Era* eben in Princeton und Yale erdacht worden und weit entfernt von den sich immer weiter steigernden politischen Emotionen Europas so kurz nach dem schrecklichsten aller bis dahin erlebten Kriege. Die USA waren während dieses Krieges zwar zur Weltmacht aufgestiegen und fast ganz Europa war bei ihnen verschuldet, aber sie waren keine Supermacht, wie das 1945 der Fall war, und waren auf die Kooperation mit Frankreich und Großbritannien, ja sogar mit Italien, angewiesen. In Frankreich aber ging es nicht um eine neue Weltordnung auf der Grundlage von Recht und Gerechtigkeit, sondern um die Abrechnung mit Deutschland und die Schaffung von Sicherheitsgarantien gegenüber dem westlichen Nachbarn. Der Krieg war vornehmlich auf französischem Boden ausgetragen worden, Frankreich hatte bei weitem die größten Zerstörungen erlitten. So waren Frankreichs Ziele bei den Pariser Verhandlungen klar: massive Gebietsabtretungen Deutschlands im Westen und im Osten, enorme Reparationsverpflichtungen, rigorose Rüstungsbeschränkungen sowie der Aufbau eines Systems von mit Frankreich fest verbundenen Staaten in Ostmitteleuropa, vor allem eines starken Polens als Sicherheit gegenüber Deutschland und dem revolutionären Russland, – und diese Ziele ließen sich mit den Prinzipien der 14 Punkte, insbesondere mit dem Gedanken der Selbstbestimmung der Völker, nicht in volle Übereinstimmung bringen.

Auch die britischen Interessen verlangten eine Schwächung Deutschlands – wenngleich nicht in dem Ausmaß, wie es von Frankreich gefordert wurde. Die britischen Forderungen konzentrierten sich auf die Ausschaltung Deutschlands als See- und Kolonialmacht sowie auf umfängliche Reparationszahlungen, mit denen auch die Forderungen der am Krieg beteiligten Dominions, v.a. Kanadas, Australiens, Neuseelands und Südafrikas, beglichen werden konnten.

Wilson war hier zu zahlreichen Kompromissen gezwungen, aber auch bereit, denn seine Grundidee war, dass selbst bei sehr schroffen Friedensbedingungen mit dem Völkerbund ein Instrument geschaffen werden würde, das zu einem raschen Ausgleich der Interessen führen werde. Ein solches System kollektiver Sicherheit, wie es hier entworfen wurde, war in der Tat eine weit in die Zukunft weisende Idee. Es setzte allerdings die Einsicht der beteiligten Nationen bzw. ihrer Führer voraus, dass es keine Alternative zu solchen in Verhandlungen und Kompromissen herbeigeführten Konfliktlösungen mehr gab. Ein solcher Zustand war nach den Erfahrungen des den ganzen Kontinent verheerenden *Zweiten* Weltkriegs und dem erstmaligen Einsatz der Atomwaffen gegeben, sodass die Errichtung der Vereinten Nationen mit der weit verbreiteten Bereitschaft verbunden war, Konflikte über internationale Verhandlungen zu schlichten – wenn auch in der Grundstruktur zweier sich strikt feindlich gegenüber stehender Lager. 1919 war eine solche Bereitschaft jedoch nicht vorhanden. Vielmehr war man in Paris und London überzeugt, einen langfristigen Frieden auf der Basis der Unterdrückung Deutschlands und der Isolierung Russlands zu erreichen, und in Deutschland stand spätestens seit dem Bekanntwerden der Friedensbedingungen die Perspektive eines Revanchekrieges auf der Tagesordnung – jedenfalls der politischen Rechten.

Die USA wollten eine neue, supranationale Weltordnung, Frankreich wollte Revanche und Sicherheit, Großbritannien eine neue *Balance of Power*, die ihm den Bestand und Ausbau des Empires sicherte, Italien wollte Großmacht werden – auf dieser Grundlage traf man sich in Paris, und entsprechend schwierig und widersprüchlich wurden die Verhandlungen.

3. Die vier Hauptkomplexe der Verhandlungen

Das zeigte sich am deutlichsten in den Festlegungen der Friedensbedingungen gegenüber Deutschland.

Zwar hatte die amerikanische Seite weiter reichende Ziele der Franzosen wie die Rheingrenze verhindert. Aber die territorialen Verluste Deutschlands im Westen wie im Osten, die über Jahrzehnte zu zahlenden

Ulrich Herbert

Reparationen, welche zudem mit der Überantwortung der alleinigen Kriegsschuld an Deutschland begründet wurden, die nahezu vollständige Demilitarisierung, der Verlust der Kolonien – diese Bestimmungen waren so weit reichend und sowohl in ihrem realen Gehalt wie in ihrer politischen Symbolik so einschneidend, dass er im *New Republic* als *treaty of peace which renders peace impossible* bezeichnet wurde und der den deutschen Revanchismus geradezu herausforderte, wenn selbst besonnene Deutsche wie Gustav Stresemann ihn mit den Worten kommentierten: „Es ist möglich, dass wir zugrundegehen, wenn wir den Vertrag nicht unterschreiben. Aber wir alle haben die Empfindung: Es ist sicher, dass wir zugrunde gehen, wenn wir ihn unterzeichnen."[5]

Der Krieg hatte Deutschland direkt nie erreicht; die nationalen Energien waren nicht verbraucht. Eine realitätsverleugnende Grundstimmung, eine radikale Widerstandspose war deshalb schon in jenem vielzitierten „Traumland der Waffenstillstandsperiode" zwischen November 1918 und Mai 1919 aufgekommen und setzte sich nun verstärkt fort. Je größer die Unterschiede zwischen den 14 Punkten, jedenfalls in der eigenen Wahrnehmung, und den tatsächlichen Friedensbedingungen waren, desto größer wurde die Überzeugung, betrogen worden zu sein. Die heroische Pose galt fortan als Ausweis eines edlen, idealistischen Patriotismus, verbunden mit einer dumpfen Prophezeiung der Rache.

Für das Wilsons Vorstellungen und die *League of Nations* beherrschende Prinzip der Selbstbestimmung war ein weiterer Punkt aufschlussreich. Denn das

[5] Gustav Stresemann, Rede vor der Deutschen Nationalversammlung, 12. Mai 1919, zit. n. Eberhard Kolb: Der Frieden von Versailles, München 2005, S. 76.

demokratisch gewählte Parlament des auf das deutsche Siedlungsgebiet reduzierten Österreichs hatte in seiner ersten Sitzung den Anschluss an das Deutsche Reich gefordert – das aber wurde in Artikel 80 des Vertrags verwehrt. Hier zeigten sich die mit dem Selbstbestimmungsrecht verbundenen Probleme, wenn sie auf konkrete politische Verhältnisse übertragen wurden: Denn ein mit Deutschösterreich vereinigtes Deutschland hätte die in dem Vertrag festgelegten Verluste an Gebiet und Bevölkerung – ein Achtel des Staatsgebiets und ein Zehntel der Bevölkerung – mehr als ausgeglichen; Deutschland wäre stärker, nicht schwächer gewesen. Das aber hätte in schroffem Widerspruch zu den Interessen der Siegermächte und insbesondere Frankreichs gestanden. Machtausgleich und Selbstbestimmung, das zeigte sich, waren hier miteinander unvereinbar.

Stellten die Deutschland betreffenden Regelungen die politisch brisantesten Punkte der Pariser Verhandlungen dar, waren die Probleme, die bei der Neuordnung der vordem zu Österreich-Ungarn und dem Osmanischen Reich gehörenden Gebiete entstanden, die weitaus kompliziertesten.

Am 10. September 1919 wurde in dem Pariser Vorort St-Germain-en-Laye die Liquidation der kuk. Monarchie vollzogen, am 4. Juni 1920 folgte der Friedensvertrag mit Ungarn im Schloss Grand Trianon zu Versailles. Aus der Erbmasse der Doppelmonarchie wurden mehrere neue Staaten gegründet, vor allem die Tschechoslowakei und Polen, das aus den österreichischen, preußischen und russischen Teilen des alten polnischen Königreichs gebildet wurde. Im Süden bildete sich aus Serbien, Kroatien, Slowenien und Bosnien ein neuer südslawischer Verbund, der sich zu einem serbisch dominierten, später Jugoslawien genannten gemeinsamen Staat zusammenfand. Neue Grenzen wurden gezogen, Siedlungsgebiete hin- und hergeschoben, Bevölkerungsgruppen von einem dem anderen Land zugeschoben. Von Beginn an war dabei das Verhältnis von nationalen Mehr- und Minderheiten das ausschlaggebende Problem. In der Tschechoslowakei umfassten Slowaken und Tschechen nicht einmal Zweidrittel der Bevölkerung; Deutsche und Ungarn bildeten starke Minderheiten, ebenso wie in Rumänien, wo es auch noch eine starke bulgarische Minderheit gab. In Griechenland lebte v.a. im Osten eine starke türkische, tatsächlich eine muslimische, Minderheit und in der Türkei etwa 600.000 Griechisch-Orthodoxe. In Polen lebten außer Deutschen auch Ukrainer, Weißrussen und Litauer, und fast überall lebten zudem Juden, die vor allem in Polen einen beträchtlichen Bevölkerungsanteil ausmachten.

Die alten, nun untergegangenen Reiche hatten ihre Legitimität im Wesentlichen auf dynastischer Loyalität aufgebaut, nicht durch die Zugehörigkeit zu einem Volk oder einer ethnischen Gruppe. Nun aber wurden die neuen bzw. mit neuen Grenzen ausgestatteten Staaten zu Nationalstaaten, die von der zahlenmäßig größten nationalen Gruppe dominiert wurden. Trotz aller Bemühungen, nach dem Prinzip der Identität von Nation und Volk zu handeln – ethnisch homogene Nationalstaaten ließen sich auf diese Weise dennoch nicht oder nur schwer bilden. Insgesamt wurden bei den Pariser Verhandlungen sechzig Millionen Menschen eigene

Eine neue Weltordnung. Die Pariser
Friedensverträge 1919 und ihre Auswirkungen

Staaten gegeben, weitere fünfundzwanzig Millionen Menschen aber zu Minderheiten gemacht.[6]

Wie sollte man nun, das war eine der beherrschenden Fragen der Pariser Verhandlungen, mit diesen Minderheiten umgehen? Es gab hierbei zwei radikale und zwei gemäßigte Optionen.

Zu den radikalen gehörten Umsiedlung, Austausch oder Vertreibung von Minderheiten. Dieser Weg, der dann bei dem griechisch-türkischen Bevölkerungsaustausch von 1922/23 begangen wurde, war jedoch nicht nur mit unsäglichen Leiden und Opfern für möglicherweise Millionen von Menschen verbunden, er demonstrierte auch allzu offensichtlich die barbarische und menschenfeindliche Natur des modernen Nationalismus zumal in einer Region, wo Menschen unterschiedlicher Religion, Sprache und Kultur seit Jahrhunderten miteinander – wenngleich durchaus nicht immer friedlich – gelebt hatten. Zudem war eine solche Option ja nur solchen Minderheiten offen, die ein eigenes Heimatland besaßen – was aber war mit den Juden, den Kurden, den Armeniern, den „Zigeunern"?

Noch viel schrecklicher war die zweite radikale Variante – die physische Vernichtung der Minderheiten. Auf diese Weise hatten die Türken während des Krieges versucht, die Armenier zu vernichten, und im Hintergrund schwang hierbei auch der Umgang mit den indigenen Bevölkerungen in beiden Amerikas oder in Australien mit. Der türkische Genozid an den Armeniern war in Paris das Menetekel an der Wand und markierte nur zu deutlich die mit der nationalen Neuordnung Südosteuropas verbundenen schrecklichen Gefahren.

---

[6] Mark Mazower: Der dunkle Kontinent. Europa im 20. Jahrhundert, Berlin 2000, S. 70; Eric D. Weitz: From the Vienna to the Paris System: International Politics and the Entangled History of Human Rights, Forced Deportations, and Civilizing Missions, in: AHR 113, S. 1313-1343.

Zu den gemäßigten Optionen gehörte die Schaffung von multinationalen Föderationen unter einer gemeinsamen Zentralregierung, sie war bereits in der späten kuk.-Monarchie diskutiert worden und schon deswegen jetzt schwer durchsetzbar. Ähnlich angelegt war das Modell der Schweiz, das im Falle der Tschechoslowakei lange diskutiert worden war, um eine Verbindung von regionaler Autonomie der nationalen Gruppen und den Befugnissen einer zentralen Regierung herzustellen. Auch die in der Sowjetunion propagierte „Föderation autonomer Republiken" hatte jedenfalls theoretisch ein solches Modell abgegeben. Es war aber nur durchsetzbar, wenn es eine starke Zentrale gab, die nicht mit einer der nationalen Gruppen identifiziert wurde, ganz wie von Lenin postuliert – wenngleich in der Praxis ein extremer Zentralismus die Herrschaft der russischen Kommunisten absicherte und die Autonomie der Sowjetrepubliken nur auf dem Papier stand. Tatsächlich aber waren mit einem solchen wie auch immer im Einzelnen umgesetzten föderativen Modell die jeweils stärksten nationalen Gruppen der neuen Nationalstaaten nicht einverstanden, die stattdessen einen homogenen Nationalstaat propagierten und die nationalen Minderheiten als solche entweder nicht anerkannten, schnell zu assimilieren oder schlichtweg zu unterdrücken trachteten.

So entschieden sich die Siegermächte in Paris für einen vierten Weg: die Etablierung von Nationalstaaten mit nationalen Minderheiten, denen von den Mehrheiten Schutz garantiert wurde und die unter dem Schutz des Völkerrechts und der *League of Nations* standen. Ziel dieser Bestimmung blieb allerdings der ethnisch homogene Nationalstaat, weil man davon ausging, dass bei fairer

Behandlung die Minderheiten und die Mehrheiten sich allmählich assimilieren würden, sodass die nationale Zugehörigkeit nach einiger Zeit an Bedeutung verlieren und ein Nationalstaat auf neuer Grundlage entstehen würde – für eine solche optimistische Prognose hatte es in der späten kuk.-Monarchie bereits einige Hinweise gegeben, v.a. in den großen Städten war es vielfach zu einer Annäherung und Vermischung der ethnischen Gruppen gekommen, insbesondere im Bürgertum. Vor allem aber stand die Entwicklung in den USA selbst im Hintergrund als Vorbild einer solchen Lösung. Insbesondere die Vertreter der jüdischen Minderheit aber hatten die damit verbundenen Gefahren früh erkannt. Sie drangen daher in Paris auf ein vertraglich fest verankertes System des Schutzes von Minderheiten. Vor allem gegenüber Polen war das von großer Bedeutung, hatten doch die Pogrome in Russland und der grassierende Antisemitismus in Polen gezeigt, welcher Gefahr die Juden in dieser Region ausgesetzt waren. Allerdings lehnten die Siegermächte eine nationale Autonomie der Juden in Polen ab, weil sie nach ihrer Meinung zu einem Staat im Staate geführt und den neuen polnischen Nationalstaat geschwächt hätte. Stattdessen wurde Polen als Vorbedingung der Anerkennung des neuen Staates zur Pflicht gemacht, den nationalen Minderheiten weit reichende Rechte zuzugestehen. Das war ein völkerrechtliches Novum, weil hier keine individuellen, sondern kollektive Freiheitsrechte festgeschrieben wurden, und nicht religiös, sondern national definierte Gruppen davon profitierten. Neu war auch, dass eine supranationale Institution, nämlich die *League of Nations*, über die Einhaltung dieser Bestimmungen wachte, nicht die Großmächte selbst.

Ulrich Herbert

Schnell wurde aber die völkerrechtliche Problematik solcher Festlegungen offenbar. Denn das hier verfolgte Prinzip des Minderheitenschutzes kollidierte ganz offenkundig mit dem staatlichen Souveränitätsprinzip und mithin mit der Grundlage des neuen Systems selbständiger Nationalstaaten in Mitteleuropa. Indem Teilbefugnisse der Nationalstaaten, hier die Überwachung des Minderheitenschutzes, an die *League of Nations* abgegeben wurden, sollte dieser Souveränitätsverlust kompensiert werden. Das setzte jedoch voraus, dass die *League of Nations*, über entsprechende Sanktionsmöglichkeiten und Rechtsbefugnisse verfügt hätte, um Verstöße zu ahnden. Das aber war nicht der Fall.

Für Briten und Franzosen waren das nachgeordnete Probleme, weil für sie Autonomie und Stabilität der neuen Nationalstaaten im Vordergrund standen. Im Gegenteil, der Minderheitenschutz durch die *League of Nations* wurde geradezu als Hindernis auf dem Weg zu der erstrebten Assimilation der Bevölkerung in diesen neuen Staaten angesehen. Insbesondere Frankreich besaß ein Interesse an Nationalstaaten in Mitteleuropa, die als Widerlager gegenüber Russland und Deutschland dienen sollten, und legte dementsprechend weniger Wert auf ausgefeilte Minderheitenschutzrechte als die USA. In diesem Punkt aber setzten sich die USA durch. Nach dem Modell des Vertrags mit Polen wurde daher nun in weiteren Vereinbarungen der Schutz von Minderheiten in sämtlichen neu gegründeten Staaten vertraglich garantiert; und auch alten Staaten wie Rumänien und Griechenland, die im Zuge erheblicher territorialer Gewinne große nationale Minderheiten umfassten, wurden solche Schutzbestimmungen auferlegt.

Von den Regierungen der neuen Staaten hingegen wurden die auferlegten Minderheitenrechte weitgehend abgelehnt. Einerseits weil sie darin eine Diskriminierung und einen Souveränitätsverlust sahen, zweitens weil sich die jeweils stärksten nationalen Gruppen gegen die Aufwertung und künstliche Erhaltung der nationalen Minderheiten richteten und bald einen neuen Binnennationalismus entfachten, und drittens, weil offenkundig war, dass sich das Prinzip des Minderheitenschutzes nur auf die mitteleuropäischen Staaten bezog, nicht aber als allgemeines Prinzip der Pariser Verhandlungen durchgesetzt wurde. Ein solcher allgemeiner Minderheitenschutz wurde in der Tat diskutiert, hätte sich dann aber auch auf Fälle im Machtbereich der Siegermächte bezogen, etwa auf Irland, und wurde deshalb abgelehnt. Der Minderheitenschutz, so kommentierte ein Mitglied der britischen Delegation, „sei allenfalls bei neuen oder unreifen Staaten in Osteuropa oder im Westen Asiens denkbar." Im Übrigen sei er nicht anzuwenden, weil er sonst die Souveränität der Staaten in Frage stelle.[7]

Die hier zutage tretende Doppelmoral der Siegermächte zeigte sich noch stärker in den Verhandlungen über die Verhältnisse in den vordem dem Osmanischen Reich zugehörenden Gebiete sowie den einstigen deutschen Kolonien. Bereits 1916 hatten Großbritannien und Frankreich in einem Geheimvertrag, dem so genannten Sykes-Picot-Abkommen, die Aufteilung des Osmanischen Reiches untereinander vereinbart. Danach sollte Frankreich Syrien und den Libanon erhalten, Großbritannien Mesopotamien, den späteren Irak, und Palästina. In den Pariser Verhandlungen stand nun die Frage an, wie das Verlangen der beiden europäischen

---

[7] James Headlam-Morley: A Memoir of the Paris Peace Conference 1919, hg. von Agnes Headlam-Morley, London 1972, S. 112 f.; s. Erwin Viefhaus: Die Minderheitenfrage und die Entstehung der Minderheitenschutzverträge auf der Pariser Friedenskonferenz 1919. Eine Studie zur Geschichte des Nationalitätenproblems im 19. und 20. Jahrhundert, Würzburg 1960.

Großmächte, die ehemaligen Territorien des Osmanischen Reiches zu übernehmen, mit dem Grundprinzip der Selbstbestimmung vereinbar sei.

Hier wurde in Anlehnung an die Minderheitenschutzverträge in Ostmitteleuropa ebenfalls die *League of Nations* ins Spiel gebracht, die den Völkern des einstigen Osmanischen Reiches ebenso wie denen in den vorher deutschen Kolonien Schutz gewährleisten sollte. Dazu sollten bestimmte Staaten, anfangs war dabei an kleine neutrale europäische Länder gedacht, von der *League* mit einem Mandat versehen werden, die Interessen der Bevölkerungen dieser Gebiete zu wahren. Das aber wurde verworfen und die Mandate wurden im Nahen Osten an die beiden Kolonialmächte Großbritannien und Frankreich vergeben, ein gleiches galt für die ehemaligen deutschen Kolonien, wobei hier im Falle Südwestafrikas auch Südafrika, mithin eines der britischen Dominions, zum Zuge kam. Nirgendwo wurde der widersprüchliche Charakter der Pariser Vereinbarungen deutlicher als hier. Einerseits wurden die Mandate der *League of Nations* rechtlich fixiert und zudem zeitlich befristet – bis zu dem Zeitpunkt, an dem sich der Wunsch der einheimischen Bevölkerung sicher ermitteln ließ, wie formuliert wurde. Gegenüber dem vorherigen Zustand war das für die Bewohner dieser Regionen insofern ein Fortschritt, als der koloniale Status dadurch als jedenfalls potentiell vorübergehend beschrieben und überhaupt als Problem wahrgenommen wurde. Das galt allerdings nicht absolut, sondern nur in abgestufter Weise. Die Grundentscheidung über den Geltungsbereich des Selbstbestimmungspostulats der Pariser Vereinbarungen war hier bereits früh gefallen, als die japanischen Delegierten zu Beginn der Konferenz vorschlugen, in der Satzung der *League of Nations* die Gleichheit aller Rassen festzuschreiben. Dies wurde von den europäischen Großmächten, aber auch von den USA rundweg abgelehnt. Stimme man dem zu, bemerkte sogar Oberst House, der engste Berater Wilsons zu dem japanischen Vorschlag, würde ohne Zweifel „die Rassenfrage in der ganzen Welt auf der Tagesordnung stehen."[8]

So entsprach die sich aus dem Mandatsprinzip ergebende Praxis ganz den Wünschen der europäischen Kolonialmächte. Dabei wurde der Gedanke der allmählichen Entwicklung und Zivilisierung der kolonisierten Völker rechtlich fixiert und zugleich zwischen den bereits teilweise und noch nicht zivilisierten und womöglich nie zivilisierbaren Völkern unterschieden. In den ehemaligen osmanischen Gebieten, so hieß es im Völkerbundpakt in Artikel 22, gebe es Völker, die bereits eine solche Entwicklungsstufe erreicht hätten, dass sie „in ihrem Dasein als unabhängige Nationen vorläufig anerkannt werden können unter der Bedingung, dass die Ratschläge und die Unterstützung eines Mandatars ihre Verwaltung bis zu dem Zeitpunkt lenken, wo sie imstande sein werden, sich selbst zu leiten."[9]

In den einstigen Kolonien des Deutschen Reiches in Afrika und im Pazifik hingegen, schrieb der südafrikanische Delegierte Jan Smuts, lebten Barbaren, *who not only cannot possibly govern themselves, but to whom it would be impracticable to apply any ideas of political*

---

[8] Zit. n. Mazower, Der dunkle Kontinent, S. 102

[9] Art. 22 Abs. 4 der Völkerbundsatzung: „Gewisse Gemeinwesen, ehemals zum Türkischen Reiche gehörten, haben eine solche Entwicklungsstufe erreicht, daß sie in ihren Dasein als unabhängige Nationen vorläufig anerkannt werden können, unter der Bedingung, daß die Ratschläge und die Unterstützung eines Mandatars ihre Verwaltung bis zu dem Zeitpunkt leiten, wo sie imstande sein werden, sich selbst zu leiten. Bei der Wahl des Mandatars sind in erster Linie die Wünsche ein jener Gemeinwesen zu berücksichtigen", vgl. Gerhard Schulz: Revolutionen und Friedensschlüsse 1917-1920, 6. Aufl. München 1985, S. 258.

self determination in the European sense.[10] Die Mandatierung durch die *League of Nations* wurde hier zu einer faktischen Annexion durch die Kolonialmächte.

Allerdings blieben diese eklatanten Verstöße der Großmächte gegen die selbst aufgestellten Selbstbestimmungsforderungen nicht ohne Folgen. Im Nahen Osten organisierten arabische Führer unter Bezug auf die Pariser Vereinbarungen Wahlen zum Ersten Allgemeinen Syrischen Kongress und begründeten zwei arabische Königreiche, die freilich von den Frankreich und Großbritannien nicht anerkannt wurden. Diese teilten vielmehr im April 1920 in San Remo den Nahen Osten wie vorgesehen unter sich auf, wobei Frankreich Syrien und den Libanon, Großbritannien den Irak, Palästina und Jordanien übernahm und Aufstände arabischer Gruppen mit Waffengewalt niederschlugen. Indes wurde keine der beiden Kolonialmächte dieser Neuerwerbungen froh, vielmehr wurde diese Region durch die Vereinbarungen von Paris und San Remo so gründlich destabilisiert, dass die heutigen Krisen im Nahen Osten in ihren wesentlichen Zügen auf diese Entscheidungen zurückgeführt werden können.

Auch der Versuch der Großmächte, die neu konstituierte Türkei in ihren Machtbereich zu integrieren, scheiterte. Gegen die in seinen Auswirkungen dem Versailler Vertrag mit Deutschland vergleichbar schweren Friedensbedingungen revoltierte zunächst die türkische Armee, dann fast das ganze Land, das unter Kemal Atatürk zu einem neuen türkischen Nationalismus fand und einen siegreichen Krieg gegen das rivalisierende und mit Großbritannien verbündete Griechenland führte.

---

[10] Jan C. Smuts: The League of Nations: A Practical Suggestion, London 1918, zit. n. Jürgen Zimmerer: Von der Bevormundung zur Selbstbestimmung. Die Pariser Friedenskonferenz und ihre Auswirkungen auf die britische Kolonialherrschaft im südlichen Afrika, in: Krumeich (Hg.), Versailles, S. 145-158, Zit. S. 150.

Eine neue Weltordnung. Die Pariser Friedensverträge 1919 und ihre Auswirkungen

Schließlich sind auch die Auswirkungen der durchgesetzten Anwartschaft der beiden großen Kolonialmächte auf die einstigen deutschen Kolonien widersprüchlich zu beurteilen. Einerseits gelang es Briten und Franzosen sehr rasch, die ja bereits während des Krieges besetzten Gebiete in ihren Machbereich zu integrieren und neu zu organisieren. Gegen das Verlangen nach Volksabstimmungen unter den einheimischen Bevölkerungen setzte man sich indes zur Wehr, die Legitimation der Kolonialherrschaft wurde vielmehr, wenn auch wenig überzeugend, mit dem barbarischen Charakter und der organisatorischen Unzulänglichkeit der vorherigen deutschen Herrschaft begründet. Bilanziert man indes die Auswirkungen der Pariser Friedenskonferenz auf die Kolonialreiche, so kann man mit Jürgen Zimmerer feststellen, „dass sie langfristig eine Erosion der europäischen Herrschaft in die Wege leitete".[11] Durch die in den Völkerbundvereinbarungen und den Mandatserteilungen fixierte Fürsorgepflicht der Kolonialmächte für die einheimischen Bevölkerungen, durch die zeitliche Begrenztheit der Mandate, durch das Prinzip der Treuhänderschaft veränderte sich der koloniale Legitimationsdiskurs und entwickelte sich eine Eigendynamik, durch die während der Zwischenkriegszeit die europäische Kolonialpolitik grundsätzlich in Frage gestellt wurde. Noch stärker wirkte die Enttäuschung der einheimischen Eliten über die offenkundige Diskrepanz zwischen der humanitären und auf Selbstverpflichtung gerichteten Rhetorik in Paris und der Fortsetzung der kolonialen Praxis, sei es im Nahen Osten oder in Afrika. Die Berufung auf das Selbstbestimmungsrecht der Völker wurde fortan zu einem der

---

[11] Zimmerer: Bevormundung, S. 157.

wesentlichen Merkmale der politischen Agitation der sich herausbildenden Befreiungsbewegungen.

4. Schlussfolgerungen

Das Vertragswerk von Paris, daran kann wenig Zweifel bestehen, scheiterte auf der ganzen Linie. Es erwies sich, dass der supranationale, universale Humanismus, den Wilson und die Intellektuellen der *Progressive Era* entwickelt hatten, bei weitem nicht stark genug waren, um sich gegen die imperialen Interessen der Kolonialmächte und die Explosionen der neuen Nationalismen durchzusetzen. Als der amerikanische Kongress den Beitritt der USA zur *League of Nations* ablehnte, fehlte auch noch die treibende Kraft der mittlerweile wirtschaftlich stärksten Nation, die allein den Bestrebungen zur Einrichtung supranationaler Institutionen auf der Grundlage des Selbstbestimmungsrechts Nachdruck hätte verleihen können.

Die in Paris neu geschaffenen oder territorial neu konstituierten Nationen Mitteleuropas, die durchweg als parlamentarische Demokratien oder Monarchien gegründet worden waren, verwandelten sich bis auf die Tschechoslowakei innerhalb weniger Jahre durchweg in autoritäre oder diktatoriale Systeme. Der Schutz der Minderheiten wurde nicht gewährleistet, vielmehr entwickelten sich die Rivalitäten zwischen nationalen Mehrheiten und Minderheiten zu Ansatzpunkten ständiger Krisen sowie zur Radikalisierung der Nationalismen. Auf der anderen Seite waren die europäischen Großmächte aber auch nicht mehr stark genug, sowohl die neuen mitteleuropäischen Nationalstaaten als auch die besiegten Großmächte Deutschland und

Russland gleichermaßen durch ein Bündnissystem im Stile der klassischen Großmachtpolitik des 19. Jahrhunderts im Zaume zu halten.

Das Scheitern des Wilsonschen Ansatzes forcierte in Europa und zumal in Deutschland die Diskreditierung der liberalen Idee insgesamt und ließ neben dem bolschewistischen ein radikalnationalistisches Gegenkonzept entstehen, das nun konsequent jeden Gedanken von Selbstbestimmung und Gleichheit negierte und auf dem Grundsatz von völkischem Nationalismus und ungeteilter Macht beruhte. In den entscheidenden Punkten übertrug dieses System der neuen Ordnung Europas unter deutscher Herrschaft die Grundsätze des Kolonialismus aus den Kolonien auf die Gegebenheiten in Europa, indem es nicht länger nur Afrikaner oder Chinesen, sondern auch Europäer zu Menschen mit minderen Rechten erklärte. Zudem verneinte es durch seinen Bezug auf die biologische Andersartigkeit der Menschen jede Möglichkeit der Entwicklung, Zivilisierung oder auch der Assimilation. Vor allem in den mitteleuropäischen Ländern traf dieses Konzept auf verbreitete Zustimmung, weil es dem Verlangen nach nationaler Homogenität, nach dem Primat der nationalen Mehrheitsgruppen und der Ablehnung der Assimilation bestimmter Gruppen, etwa der Juden, eine politische und ideologische Grundlage verschaffte.

Die eingangs verlangte Abkehr von einer auf Deutschland und die deutschen Verluste reduzierten Sichtweise, die sich auf die Kategorien der nationalistischen Leidenschaften der 1920er Jahre und ihre Kritik in den 1960er Jahren bezieht, und das Postulat einer nüchternen, stärker historisierenden Perspektive auf die Pariser Verhandlungen und Verträge führen in ihren Ergebnissen indes zu keinem freundlicheren Bild oder einem, das die Bedeutung der Friedenskonferenz etwa relativierte. Vielmehr wird sichtbar, dass nach Nationalbewegung, Industrialisierung und Imperialismus die klassische Großmachtpolitik, wie sie Frankreich und Großbritannien verfochten, *nicht mehr* und der neue Ansatz einer gewissermaßen postnationalistischen Weltregierung, wie sie in den USA ersonnen worden war, *noch nicht* in der Lage waren, die gigantischen Probleme, die sich mit dem Ausgang des Ersten Weltkrieges stellten, zu lösen. Die beiden großen antiliberalen Gegenkonzeptionen, die nun stattdessen auftraten und rasch an Macht gewannen, füllten dieses Vakuum durch die Dynamisierung der Gewalt.

Erst nach dem Zweiten Weltkrieg, als der radikalnationalistische Gegenentwurf nach einer nie dagewesenen Orgie von Krieg und Genozid vollständig gescheitert war, gewann das liberale Prinzip einer supranationalen Ordnung der internationalen Beziehungen auf der Grundlage der Selbstbestimmung wieder an Bedeutung, wenngleich es die Eskalation der nationalstaatlichen Interessen bis heute nie ganz zu bändigen vermochte.

Jost Dülffer

Das Deutsche Reich und der Versailler Vertrag[1]

Das Deutsche Reich hat den Ersten Weltkrieg verloren. Das erklärte die Dritte Oberste Heeresleitung (OHL) dem Kaiser und der zivilen Reichsleitung ultimativ am 29. September 1918 und forderte den Abschluss eines Waffenstillstands. Waffenstillstand bedeutete traditionell zweierlei: er war einerseits eine erste Stufe, eben das wechselseitige Aussetzen der Kampfhandlungen, um dann in weiteren Stufen ggf. zunächst zu einem Präliminarfrieden, dann später zu einer umfassenden Friedensregelung zu gelangen. Er konnte aber andererseits auch eine Atempause bedeuten, bis eine oder beide Seiten sich gestärkt zur Wiederaufnahme der Kämpfe anschickten. Letzteres lag der OHL nahe, aber es versteht sich eigentlich von selbst, dass die Kriegsgegner des Deutschen Reiches in dieser Lage die zweite Möglichkeit verhindern wollten und so im Waffenstillstand vom 11. November weitgehende Schritte in Richtung auf eine Entwaffnung der Deutschen verlangten. Sie behielten ferner die Seeblockade, die

1 Der Beitrag greift Gedanken auf, die u.a. in folgenden Publikationen entwickelt worden sind. Vor allem: Jost Dülffer: Selbstbestimmung, Wirtschaftsinteressen und Großmachtpolitik. Grundprinzipien für die Friedensregelung nach dem Ersten Weltkrieg, in: Mathias Beer (Hg.), Auf dem Weg zum ethnisch reinen Nationalstaat. Europa in Geschichte und Gegenwart, Tübingen 2004, 2. verbesserte Auflage 2007, S. 41-67; leicht verändert auch in: Ralph Melville, Jiri Pesek, Claus Scharf (Hg.): Zwangsmigration im mittleren und östlichen Europa. Völkerrecht- Konzeptionen- Praxis (1938-1950) (= Veröffentlichungen des Instituts für Europäische Geschichte, Beiheft 69), Mainz 2007, S. 77-97; daneben: Versailles - Der Versuch einer Friedensordnung nach dem Ersten Weltkrieg, in: Hans Hecker/Silke Spieler (Hg.): Die historische Einheit Europas. Ideen - Konzepte - Selbstverständnis. Bonn 1994, S. 117-134; ders., Versailles und die Friedensschlüsse des 19. und 20. Jahrhunderts, in: Gerd Krumeich (unter Mitwirkung von Silke Fehlemann) (Hg.), Versailles. Ziele - Wirkung - Wahrnehmung (Schriften der Bibliothek für Zeitgeschichte, N.F., Bd. 14), Essen 2001, S. 17-34; ders., Frieden schließen nach einem Weltkrieg? Die mentale Verlängerung der Kriegssituation in den Friedensschluß, in: Jost Dülffer/Gerd Krumeich (Hg.), Der Verlorene Frieden. Politik und Kriegskultur nach 1918 (Schriften der Bibliothek für Zeitgeschichte, N.F., Bd.15), Essen 2002, S. 19-38; ders., Frieden zwischen Politik, Völkerrecht und Mentalität., in: Benjamin Ziemann (Hg.), Perspektiven der Historische Friedensforschung (Frieden und Krieg. Beiträge zur Historischen Friedensforschung, Bd. 1), Essen 2002, S.194-207; ders.: Die Diskussion um das Selbstbestimmungsrecht und die Friedensregelungen nach den Weltkriegen des 20. Jahrhunderts, in: Jörg Fisch (Hg.): Die Verteilung der Welt. Selbstbestimmung und Selbstbestimmungsrecht der Völker, München 2011, S.113-139.

"Hungerblockade" bei. In den weiteren Verlängerungen verschärften sie einige Auflagen nochmals.

Das empörte die Deutschen und im Frühjahr/Sommer 1919 setzte sich bei einigen Militärs die wahnwitzige Idee fest, doch noch in einem Verzweiflungsakt den Krieg wieder aufzunehmen. Ehre und Untergang wurden hier zu Schlagwörtern einer abgewirtschafteten Kaste, die das nicht wahrnehmen wollte. Letztlich war es nur die Marine, deren Hochseeflotte sich vor dem schottischen Scapa Flow selbst versenkte, was in der Folge innenpolitisch beinahe zu deren Auflösung geführt hätte.

Warum diese Empörung in Deutschland? Das kann ein Historiker erklären und das trägt dazu bei, die damalige Empörung gerade nicht als angemessene analytische Kategorie auch noch heute zu benutzen, vom grundlegenden Fehler von Versailles zu sprechen, als ob den damals Handelnden grundsätzlich andere Möglichkeiten zur Verfügung gestanden hätten, die sie böswillig oder zumindest unbeabsichtigt oder fahrlässig nicht realisiert hätten. Das ist eine Einstellung, wie sie von Martin Walser bis Wladimir Putin noch in jüngster Zeit vertreten wurde und wird. Doch der Reihe nach; verschiedene Stränge der Ereignisse und ihrer Deutung sind zu berücksichtigen.

Zunächst einmal(1): Mit der von Ludendorff eingestandenen Niederlage schien sich für ihn und die Deutschen ein gleichsam goldener, vielleicht auch nur schlauer Ausweg zu eröffnen: der Wilson-Friede, hatte der amerikanische Präsident doch in seinen 14 Punkten vom Anfang des Jahres 1918, darüber hinaus in weiteren Erklärungen ein Programm vorgelegt, das dauerhafte Friedenssicherung, verbunden mit konkreten, durchaus einschränkenden Maßnahmen gegenüber einzelnen Kriegsgegnern benannte. Demokratie und Selbstbestimmungsrecht gehörten zentral zu den neuen Kategorien. Also: man demonstrierte auch im Deutschen Reich einen Übergang zur Demokratie und schon konnte man – so die Hoffnung – zu einem Kriegsausgang ohne besondere Einbußen, zu einem Unentschieden statt einer Niederlage gelangen. In der Tat hatte Wilson ganz konkret Ende September 1918 einen Regimewechsel als Voraussetzung für Waffenstillstandsverhandlungen gefordert und so hatte auch die mächtige OHL die an sich längst im Gang befindliche parlamentarische Bewegung zur Demokratie mit ihrer Friedensforderung mit der Regierung Max von Baden durchgesetzt.

Sodann (2): die Erwartungen an einen Wilson-Frieden beruhten auf einem radikalen Sinnes- und Politikwandel gerade der bisherigen Reichsleitung und der OHL. Als Wilsons Grundlagen schon einige Zeit bekannt waren, gelang es den Deutschen und ihren Verbündeten, mit Russland und der Ukraine im März 1918 den Frieden von Brest-Litowsk zu schließen. Er sicherte eine deutsche Herrschaft in Polen, dem Baltikum und der Ukraine auf lange Zeit und war letztlich ein auf Sieg beruhender imperialer Gewaltfriede. Der Reichstag stimmte mit großer Mehrheit dem Vertrag zu (nur die Unabhängigen Sozialdemokraten stimmten dagegen) und sanktionierte somit die Idee eines neuen deutschen Ostreiches, mit dem man hoffte, in künftigen Auseinandersetzungen und Kriegen annähernd autark kämpfen zu können. Damit waren auch bis auf Weiteres alle gemäßigten Vorstellungen einer künftigen demokratischen Reichstagsmehrheit von Sozialdemokraten über Liberale bis zum Zentrum für diesen Fall hinfällig.

Ferner (3): auch die bereits seit 1914 kämpfenden europäischen Verbündeten der Amerikaner hegten in einer Hinsicht ähnliche Siegesideen, wie die Deutschen: ein derartiger Krieg sollte in der Zukunft vermieden werden und wenn das nicht der Fall sein sollte, dann doch zumindest von besseren Ausgangspunkten her geführt werden. Und das hieß nicht nur, Frieden durch Demokratisierung, sondern das bedeutete handfeste und nachhaltige Sicherungen, auch ganz anderer Art, nämlich struktureller Schwächung der Gegner als Bedingung für Frieden und Vorbeugung gegenüber künftigen Kriegsgelüsten. Der Krieg dauerte mittlerweile vier Jahre und je länger er dauerte, desto teurer wurde er. Für ihn wurden Wirtschaft und Gesellschaft zunehmend stärker mobilisiert. Alle territorialen Kriegsziele, die es anfangs aus allgemeinen Prestigegründen gab, luden sich mit der inneren Logik auf, man brauche erweiterte Gebiete und deren Rohstoffe vom Kriegsgegner, um sich daran für die erlittenen Kosten und Schäden schadlos halten zu können. Gerade in Frankreich stellte man sich vor, demographische und wirtschaftliche Strukturnachteile gegenüber dem östlichen Nachbarn auszugleichen, die gerade in diesem Krieg zutage getreten waren. Dass man der eigenen Bevölkerung materielle Entbehrungen und finanzielle Kosten zugemutet hatte, sei es durch Anleihen, sei es auf anderem Wege, war gleichfalls klar. Die mussten zurückgezahlt werden – am besten vom geschlagenen

Kriegsgegner. *Le boche payera tout* war nicht nur für die französische Seite ein beliebtes Schlagwort für den künftigen Frieden. All dies wurde mit der Dauer des Krieges immer dringlicher zum Ziel auch des künftigen Friedens.

Darüber hinaus (4): die militärische Kriegsniederlage der Deutschen und mit ihnen der Mittelmächte liegt heutigen Historikern aller Seiten offen zutage. Aber in der aufgewühlten Zeit von Kriegsende, Revolution, Waffenstillstand und Friedensverhandlungen wurde dies den meisten Deutschen nicht klar – oder: sie wollten das, was von alliierter Seite deutlich, von deutscher Regierungsseite eher verklausuliert verkündet wurde, nicht wahrhaben. Beherrschten die Deutschen im November 1918 nicht so große Teile des europäischen Ostens, wie sie es nie zuvor in ihrer Geschichte getan hatten? Kündeten deutsche Soldaten nicht von Nordfrankreich bis zum Kaukasus die durch Siege erreichte deutsche Größe? Stützten sie nicht das Osmanische Reich weiter mit beträchtlichen Kräften (Das allerdings brach noch vor dem Deutschen Reich zusammen)? Und – vielleicht am wichtigsten –: keine feindlichen Truppen hatten bis zum Waffenstillstand die Reichsgrenze überschritten, die eigenen Truppen standen immer noch tief im „Feindesland". Da sollte der Krieg militärisch verloren sein? Das widersprach doch dem Augenschein. In dieser Situation lag es nahe, für das Ersuchen um Waffenstillstand und dessen Folgen andere Kräfte verantwortlich zu machen bzw. sie damit zu diskreditieren. Zunächst einmal konnten dies auch die Demokraten sein, von denen etwa Matthias Erzberger vom Zentrum den Waffenstillstand vom 11. November 1918 unterzeichnete – er wurde u.a. deswegen schließlich später 1921 von einem fanatischen Freikorpskämpfer ermordet.

Schließlich (5) Es waren es die Revolutionäre, die aus der allgemeinen Kriegsmüdigkeit und dem Militärstreik seit Ende Oktober 1918 ihrerseits nach Abdankung des Kaisers zur Revolution und zur Bildung des Rates der Volksbeauftragten beigetragen hatten. Diese Revolutionäre vom November 1918 stellten zunächst in ihrer Mehrheit eine Fortsetzung der Demokratisierungsbewegung dar, von unten nämlich. Sozialdemokraten der Mehrheit und der Unabhängigen waren ihre wichtigsten politischen Träger. Doch sehr früh kam eine andere Deutung auf: meuternde Soldaten und dann auch Arbeiter seien der tief im Frankreich und Belgien stehenden Truppe in den Rücken gefallen, hätten dieser einen Dolchstoß in den Rücken versetzt. Und weiter: je mehr man an die Bolschewistengefahr im Inneren glaubte, desto mehr konnte man sie mit dem revolutionären Anspruch Lenins von außen zusammengebracht werden, oder besser: die Gefahr wurde als allgemeine Bedrohung angesehen. Das geschah zumal nach Kriegsende, als die Knebelverträge von Brest-Litowsk aufgehoben wurden und es nun auch noch zum Programm wurde, die Weltrevolution über Mitteleuropa weiter zu tragen. War dies das eigentliche Ziel der Novemberrevolution? Diese Behauptung war von vornherein unzutreffend, aber sie hatte doch für manche Beobachter zeitgenössisch (wie in der späteren Geschichtsschreibung) etwas für sich und konnte verängstigte bürgerliche oder aristokratische Gruppierungen hinter sich scharen. Also: nicht nur keine Niederlage, sondern Verrat und die Gefahr der Bolschewisierung konnten für weite Kreise der Bevölkerung die bestimmenden Emotionen darstellen und die Deutung des Kriegsendes beherrschen.

Nimmt man die genannten fünf Faktoren zusammen (1. Das Faktum der militärischen Niederlage, 2. den Politikwandel in Deutschland vom Diktat gegenüber den Osten zum Wilson-Frieden im Westen, 3. die Kriegserwartungen und -ziele der europäischen Alliierten, 4. die Verbindung von Demokratisierung und fälschlich wahrgenommener weiter guter militärischer Lage des Deutschen Reiches und 5. den Zusammenfall von Niederlage, Revolution und Bolschewisierungsfurcht), dann ist klar, dass es einen Frieden aus einem Guss und vor allem einen Frieden, der allen Seiten international und innerhalb der deutschen Gesellschaft einleuchtete, nicht geben konnte. Die Emotionen nach vier Jahren Hass, Tod, Not, Angst waren nicht nur tief in die Gesellschaften eingeschrieben, sondern mussten auch notwendig die Friedensverhandlungen und den Friedensschluss bestimmen.

Versuchen wir, die wichtigsten Etappen auf dem Weg zum Frieden mit Deutschland knapp nachzuzeichnen. Nach dem Waffenstillstand und den Siegesfeiern in Paris, London und Washington am 11. November 1918 konnte man nicht gleich mit den Verhandlungen beginnen. Dazu mussten sich die Alliierten erst einmal untereinander einigen. Gerade der amerikanische Präsident legte großen Wert auf seine persönliche Teilnahme und es dauerte, bis er am 14. Dezember per Schiff nach Europa gelangte und dann erste Vorbesprechungen in London, Rom und Paris führte.

Jost Dülffer

Ein gemeinsames Friedensprogramm der alliierten Vorstellungen war noch längst nicht erarbeitet. Aber zwei Monate nach Ende des Krieges wurde wenigstens schon einmal am 18. Januar 1919 die Friedenskonferenz in Paris eröffnet. Über 1000 Delegierte der Siegermächte waren anwesend, die Verliererstaaten jedoch nicht und auch nicht Sowjetrussland. Der französische Staatspräsident Raymond Poincaré gab sogleich den Ton an, wenn er hervorhob, das Deutsche Kaiserreich von 1871, das auf den Tag genau 48 Jahre zuvor mit dem Raub von zwei Provinzen Frankreichs begonnen habe, nämlich Elsass und Lothringen, habe durch diesen Fehler seinen Todeskeim in sich getragen. Diese Fehler müssten nun berichtigt werden. Mit einer solchen Meinung stand er zwar allein unter den Großmächten. Aber es entsprach der damaligen internationalen Ordnung, dass eben diese Großmächte jetzt erst einmal den Ton angaben.

Die Frage einer neuen allgemeinen Weltordnung hatte nicht nur für Wilson Vorrang, damit auch die Bildung der *League of Nations* oder: des Völkerbundes. Der Entwurf dafür war am 28. April 1919 fertig. Die USA, Frankreich, Großbritannien, Italien und Japan bildeten aus ihren Regierungschefs und Außenministern zunächst einen Rat der Zehn, ab März tagte dann fast täglich der Rat der Vier – also der Regierungschefs, ohne das doch nur peripher betroffene Japan – und handelte die Grundzüge der Friedenbedingungen aus. Die Konflikte waren zum Teil heftig und betrafen vor allem die unterschiedlichen Vorstellungen Frankreichs und der USA, während Italien und Großbritannien nur bestimmte, für sie zentrale Anliegen hatten, zu denen die Deutsche Frage nur bedingt gehörte. Nach einer Einigung der Großen Vier bedurfte es einer geheimen Vollsitzung der Konferenz, welche die bisherigen Ergebnisse der Großmächte im Kern billigte, bis am 7. Mai 1919 der seit zehn Tagen wartenden deutschen Delegation die Friedensbedingungen übergeben wurden.

Außenminister Graf Brockdorff-Rantzau hatte bereits am Februar in der Deutschen Nationalversammlung den Anspruch auf einen Frieden auf der Basis der 14 Punkte bekräftigt, für den sich im Reich der Begriff des „Rechtsfriedens" einbürgerte, während alle anderen Vorstellungen mit dem Etikett „Gewaltfrieden" abgelehnt wurden. Einsichtsvolle Personen, gerade unter dem Demokraten, waren sich schon früher darüber klar geworden, dass dies eine Illusion sei, kluge Publizisten hatten auch an Wiedergutmachungen oder Ähnliches gedacht, aber insgesamt schürten jedoch die alten Diplomaten und Militärs, die in der Revolution ihre Stellung weitgehend behauptet bzw. wieder hergestellt hatten, auch aus taktischen Gründen die Vorstellung von einem Rechtsfrieden nach eigener Definition. Ernst Troeltsch, ein kluger Theologe und Kulturphilosoph, sprach vom „Traumland der Waffenstillstandsperiode". Umso jäher war das Erwachen über die Friedensbedingungen. Brockdorff-Rantzau entschloss sich nach einem ersten Blick auf die Texte zur Konfrontation: er geißelte vor allem den Artikel, der bald in deutscher Öffentlichkeit allein der „Kriegsschuldparagraph" genant wurde. Empörung stand vor sachlicher Prüfung. Aber auch angesichts der vorangegangenen und andauernden alliierten Uneinigkeit war an nachfolgende eigentliche Verhandlungen zwischen Alliierten und Deutschen nicht zu denken, wohl aber konnten sie schriftliche Veränderungsvorschläge machen, die in einigen Fragen doch noch leichte Verbesserungen brachten.

Wichtiger aber war: überall im Reich brach ein Proteststurm los gegen diese insgesamt harten und damit unannehmbaren Friedensbedingungen. Die Reichsregierung unter dem Ministerpräsidenten Scheidemann, getragen von der Sozialdemokratie, den Deutschen Demokraten und dem Zentrum war empört. Die Parteien rechts davon entrüsteten sich erst recht. Nur auf der extremen Linken vermochte man sich über diesen Frieden der kapitalistischen Machenschaften, so wie er war, nicht sonderlich aufzuregen. Es waren aber nicht nur die Parteien, sondern mehr oder weniger spontan überzog eine Welle von Protestkundgebungen das Deutsche Reich, natürlich waren diese in den von territorialen Bestimmungen betroffenen Gebieten im Osten, aber auch im Westen – so im Rheinland – besonders heftig, aber es entstand eine fast flächendeckende Protestwelle, die von „unannehmbar" und „Gewaltfrieden" und „Schmachvertrag" gegenüber dem vermeintlichen Recht auf einen Rechtsfrieden getragen war. Scheidemanns frühe Rede über die Hand, die verdorren solle, welche den Vertrag unterzeichne, gehört zu den bekanntesten und heftigsten Ausbrüchen.

Da die Alliierten keinen Zweifel daran ließen, den Frieden zu exekutieren, bildete sich dennoch in der Regierung, auch unter einigen Militärs eine Richtung aus, welche als Alternative den Zerfall des Reiches sah. Der Riss ging durch die Regierung, die zurücktrat.

Schließlich fand sich unter dem Sozialdemokraten Gustav Bauer eine neue Koalition (ohne Brockdorff und die Deutschen Demokraten). Mit ihr setzte sich die Verantwortungsethik gegenüber der bislang bestimmenden Gesinnungsethik durch. Am 28. Juni 1919 unterzeichneten Außenminister Hermann Müller und sein Zentrumskollege Johannes Bell den Vertrag, am 9. Juli wurde er mit 209:116 Stimmen in der Nationalversammlung gebilligt. Die Unterzeichungszeremonie war symbolgerecht in den Spiegelsaal von Versailles gelegt worden, wo 1871 das Deutsche Reich auf dem Territorium des geschlagenen Frankreichs gegründet war. Hier wurde Geschichte gleichsam symbolisch überschrieben. Die Schmach der damaligen Niederlage Frankreichs wurde spektakulär rückgängig gemacht.

Das innenpolitische Fazit der Unterzeichnung des Friedensvertrages: die demokratischen Parteien trugen in den Augen vieler Deutschen das Stigma der Unterzeichnung des Friedensvertrages mit sich herum, die Nachkriegsrepublik hatte sich als massenhaft handelnde öffentliche Gesellschaft in den Protesten gegen die Friedensbedingungen erstmals zusammen gefunden, jetzt waren die anders handelnden Politiker mit der schweren Hypothek belastet, dagegen gehandelt zu haben. Wahrscheinlich war die Weimarer Republik als Staats- und Gesellschaftsform hierdurch bereits unerträglich belastet – wohlgemerkt durch die innenpolitische Wahrnehmung, nicht durch den Kern der alliierten Politik.

Was aber stand im Vertrag drin, wie kamen die wichtigsten Klauseln hinein und in welchem Maße belastete dies die Zukunft? 1. Am schwersten wog insgesamt die

Reparationsfrage. Hier hatten die Alliierten zwischen dem französischen Forderung nach umfassender Entschädigung für so ziemlich alle Kriegskosten und der amerikanischen Überzeugung, dass dies den Prinzipien Wilsons widerspräche, den Kompromiss gefunden, in den Friedensvertrag keine bestimmte Summe hineinzuschreiben, sondern nur das Prinzip zu formulieren, begründet durch die bereits genannte allgemeine Formel von der deutschen Kriegsschuld im Artikel 231: „Die alliierten und assoziierten Regierungen erklären, und Deutschland erkennt an, dass Deutschland und seine Verbündeten als Urheber für alle Verluste und Schäden verantwortlich sind, die die alliierten und assoziierten Regierungen und ihre Staatsangehörigen infolge des ihnen durch den Angriff Deutschlands und seiner Verbündeten aufgezwungenen Krieges erlitten haben".

Gerade in dieser brisanten Mischung von Vagheit und Moral blieb dies von jener Zeit an bis heute eine Art ungutes Vorzeichen von Versailles – und übernimmt damit doch nur die zeitgenössische Sicht Brockdorffs. Tatsächlich wurden auch die konkreten Reparationsauflagen ab 1920, verbunden mit den konkreten Sachlieferungen seit dem Waffenstillstand, eine dauernde Belastung der deutschen Politik. Sie verknüpften sich mit den interalliierten Schulden und dem amerikanischen Interesse am Wiederaufbau Europas.

Direkt danach sind 2. die *territorialen Abtretungen* an den Grenzen Deutschlands zu nennen. Neben den Forderungen der Sieger aus historischen oder moralischen Gründen, spielten hier zumal an der deutschen Südost- bis Ostgrenze die Frage der Gründung neuer Nationalstaaten wie Polen und der Tschechoslowakei eine Rolle: diese mussten u.a. wirtschaftlich lebensfähig sein. Abstimmungen über die Zugehörigkeit waren hier grundsätzlich gemäß nicht nur amerikanischen Vorstellungen erwünscht, sie konnten aber nur dann greifen, wenn keine Großmachtinteressen im Wege standen. Elsass-Lothringen war für Frankreich eine solche Ehrenfrage, so dass eine Abstimmung über die Zugehörigkeit nicht infrage kam. Aus ökonomischen Gründen beanspruchte die Pariser Regierung auch das Saargebiet, und da eine Annexion von den Amerikanern für das ethnisch deutsche Gebiet nicht akzeptiert wurde, gab es hier – und auch *nur* hier – den Kompromiss, nach 15 Jahren eine Volksabstimmung zu veranstalten. So fanden dann vornehmlich in Gebieten, für die kein politischer Kompromiss der Alliierten gefunden wurde, Volksabstimmungen statt. Das hatte eine gewisse Beweisfunktion im interalliierten Dialog, betraf natürlich nach außen das fundamentale Prinzip der politischen Legitimierung anderswo getroffener Entscheidungen. Im Übrigen betraf das nicht nur das Deutsche Reich. Hinzu kamen die zeitweilige alliierte Besetzung des Gebietes östlich des Rheins und die dauerhafte Entmilitarisierung des gesamten Grenzstreifens 50 Kilometer östlich des Stroms.

Das wiederum 3. hatte mit den *Entwaffnungsbestimmungen* zu tun, für welche die Rheinlandbesetzung ein Pfand bildete. Man wird es verständlich finden, dass die Alliierten dauerhaft die Verminderung des deutschen aggressiven Potenzials durchsetzen wollten, freilich kaschierten sie dies auch gegenüber der eigenen Bevölkerung als Auftakt zu einer allgemeinen Abrüstung: 100 000 Mann für das deutsche Heer,

Jost Dülffer

eine Mini-Marine und das Verbot militärischer Luftfahrt waren die Kernbestimmungen.

Schließlich gingen 4. auch die deutschen Kolonien verloren, wurden nicht umstandslos den Besitzungen der anderen Kolonialmächte einverleibt, sondern erhielten Mandatstatus: die Mächte verpflichteten sich, die Gebiete weiter zu entwickeln. Das war eine moralische Verpflichtung mit nicht geringer Fernwirkung; vorerst aber bedeutete es doch nicht mehr, als dass sie de facto zu britischem, französischen, belgischem oder japanischem Besitz hinzugerechnet wurden. In Deutschland war man besonders deswegen empört, weil der Verlust der Kolonien nicht machtpolitisch begründet wurde, sondern mit der angeblichen Unfähigkeit der Deutschen zu kolonisieren in Verbindung gebracht wurde. Das nannte man dann bald in Entsprechung zur „Kriegsschuldlüge": die „Kolonialschuldlüge". Die Koloniallobby des Kaiserreichs und mit ihr große Teile der deutschen Öffentlichkeit liefen zur Hochform auf und suchten gerade dies zu widerlegen. Das dauerte bis weit in den Zweiten Weltkrieg hinein und war darüber hinaus verbunden mit realen Revisionsforderungen nach Rückgabe aller Kolonien.

Revisionismus: damit ist bereits das wichtigste Stichwort für die Folgen von Versailles, für die deutsche Außenpolitik der Weimarer Republik gegeben. Die Linie der absoluten Verweigerung, der aggressiven Verleugnung der realen Niederlage, wurde bis 1923 endgültig verlassen. Wenn schon nicht die Einsicht, so fehlten doch die militärischen Machtmittel zu einer anderen Politik. Es blieb also ein zweiter Weg, den man damals wie heute mit Revisionismus bezeichnete: langsam, aber geduldig den Weg zu verfolgen, das Deutsche Reich in die europäische und globale Staatengemeinschaft zu integrieren und auf diese Weise nicht nur Gleichberechtigung herzustellen, sondern auch diese oder jene besonders schwerwiegende Friedensklausel zu revidieren. Das war der Weg der eingeschlagen wurde. Schon ab 1921 verfolgten Reichsregierungen wie die um Joseph Wirth eine *Erfüllungspolitik*, eine Politik also des guten Willens, die zumal in Reparationsfragen angab zu zahlen, was möglich war. Da dies weniger als die alliierten Forderungen darstellte, so hoffte man dadurch, auch auf alliierter Seite Vernunft walten zu sehen und die Bedingungen modifiziert zu bekommen. Gerade die USA entpuppten sich langfristig als wichtigster Sprecher genau dieser ökonomischen Vernunft – auch gegenüber den europäischen Alliierten. Gustav Stresemann stand hierfür als wichtigster Vertreter und zentrale Persönlichkeit der Weimarer Republik. Unterminiert wurde Revisionspolitik durch patriotische Propaganda und radikale Politik, aber sie wies doch langfristig auf einen Weg zum Erfolg. In der Tat summierten sich die Abtretungen auf 15 Prozent des Reichsterritoriums, 10 Prozent der Bevölkerung; an wichtigen Bodenschätzen waren es zum Teil erheblich mehr. Aber all dies war weit davon entfernt, der deutschen Wirtschaft oder gar dem deutschen Volk den Todesstoß als Nation versetzt zu haben, wie manche glauben machten und auch wirklich glaubten. Sondern eine Politik der ruhigen Hand schaffte es, das Deutsche Reich ab 1925/26 mit Locarno und dem Eintritt in den Völkerbund nicht nur zu einem geachteten gleichberechtigten Mitglied der Staatengesellschaft zu machen, sondern auch materiell eine ganze Menge der Vertragsklauseln zu revidieren.

Aber für eine Konsolidierung einer solchen Politik brauchte man Zeit, und Zeit hatte „Weimar" insgesamt nicht. Die Weltwirtschaftskrise tat ihr Übriges und die Politiker der besonnenen Kooperation gerieten ins Hintertreffen. Die Nationalsozialisten, die ihren Aufstieg u. a. durch einen unbedingten und radikalen Revisionismus gefördert sahen und mit diesem schließlich 1933 an die Macht kamen, profitierten von den Erfolgen Stresemanns, den sie als Kompromissler verachteten und verfemten. Hat also Versailles und damit die Radikalisierung der Politik Hitler an die Macht gebracht? Das findet sich bis heute immer wieder in guter und nicht so guter Publizistik vertreten. Versailles war an allem schuld, es radikalisierte die Deutschen, es zerschlug letztlich die europäische Ordnung, führte zum Zweiten Weltkrieg und damit auch zum Niedergang Europas als vormals führender Weltregion. Die behaupteten Folgen ließen sich mehren.

Das alles überzeugt nicht. Bevor wir uns diesem Radikalverriss anschließen, sei nochmals auf den zentralen Sachverhalt hingewiesen: Es fand die kollektive Verleugnung der Tatsache statt, dass der Weltkrieg militärisch verloren war. Man wollte in weiten Kreisen der deutschen Führung wie dann auch der Gesellschaft nicht wahrhaben, dass der Krieg gegen „eine Welt von Feinden" entgegen Augenschein tatsächlich mit einer Niederlage geendet hatte, die noch vor der Besetzung des eigenen Landes zur Kapitulation geführt hatte. Demgemäß fand das auch sonst nach einem Krieg übliche Verfahren zum Friedensschluss statt, das diesmal verstärkt wurde durch die emotionale Aufladung der europäischen Gesellschaften im totaler gewordenen Krieg: die Sieger bestimmten den Frieden. Ein solches Vorgehen war den Deutschen nicht nur bekannt, sie hatten es bis ins letzte Kriegsjahr selbst praktiziert.

Der politische und mentale Umschwung gerade der traditionellen Eliten, nun einen Wilson-Frieden zu fordern und zu erwarten, hatte auf diese Weise etwas Schlaues, ja Heuchlerisches an sich, das im Gewand der Gerechtigkeit einher ging. Das konnte nur schief gehen, zumal die meisten Alliierten ihrerseits einen „Siegfrieden" ihren eigenen Gesellschaften schuldig zu sein glaubten. Gewiss hatte es im Deutschen Reich während des Krieges starke innenpolitische Reformkräfte aus den Parteien zwischen Mehrheitssozialdemokraten und Katholiken gegeben, die zugleich einen Verständigungsfrieden angestrebt hatten. Aber sie konnten sich bis gegen Kriegsende im Deutschen Reich nicht durchsetzen, während bei den Alliierten die Siegeszuversicht wuchs und damit die Chance, ihre eigenen weitreichenden Friedensziele durchzusetzen, was im Versailler Frieden zu einem Teil gelang. Die deutschen demokratischen Reformkräfte gerieten hierbei ins Hintertreffen und traten den Weg in die parlamentarische Demokratie Weimars geschwächt an.

Nach dem Zweiten Weltkrieg wurde das anders: jetzt hatten die Deutschen durch bedingungslose Kapitulation, Ende deutscher Staatlichkeit und voller Besetzung keine Chance der Realität des verlorenen Krieges auszuweichen. Das nutzten sie diesmal tatsächlich.

Jost Dülffer

Ausgewählte weitere Literatur

★ leicht verständliche Basisliteratur

■ Bariéty, Jaques: Les relations franco-allemandes après la Première Guerre Mondiale, 11 novembre 1918-10 janvier 1925. De l'exécution à la négociation, Paris 1977.

■ Becker, Jean-Jacques: Le traité de Versailles, Paris 2002.

■ Boemeke, Manfred F./Gerald D. Feldman/Elisabeth Glaser (Hg.): The Treaty of . A Reassessment after 75 Years, Cambridge 1998.

■ Bosl, Karl (Hg.): Versailles - St.Germain - Trianon. Umbruch in Europa vor fünfzig Jahren, München/Wien 1971.

■ Cohrs, Patrick O.: The Unfinished Peace after World, and the Stabilization of, 1919-1932, Cambridge 2006.

■ Dülffer, Jost/Krumeich, Gerd (Hg.), Der Verlorene Frieden. Politik und Kriegskultur nach 1918 (Schriften der Bibliothek für Zeitgeschichte, N.F., Bd.15), Essen: Klartext 2002.

■ Duppler, Jörg/Gerhard P. Groß (Hg.): Kriegsende 1918. Ereignis, Wirkung, Nachwirkung, München 1999.

★ Hirschfeld, Gerhard u.a. (Hg.): Enzyklopädie Erster Weltkrieg, Paderborn u.a. 2003, Taschenbuch 2008.

■ Hovi, Kalervo: Cordon Sanitaire or Barrière de l'Est? The Emergence of the New French Eastern European Policy, 1917-1919, 1975.

■ Király, Béla K. (Hg.): Trianon and East. Antecedents and Repercussions, New York, Press 1995.

■ Kleine-Ahlbrandt, William Laird: The Burden of Victory. France, Britain and the Enforcement of the Versailles Peace, 1919-1925, Lanham u.a. 1995.

★ Kolb, Eberhard: Der Frieden von Versailles, München 2005.

- ⭐ Krüger, Peter: Versailles. Deutsche Außenpolitik zwischen Versailles und Rapallo. Revisionismus und Friedenssicherung, München 1986.
- ■ Krumeich, Gerd (Hg.): Versailles 1919. Ziele - Wirkung - Wahrnehmung, Essen 2001.
- ■ MacMillan, Margaret: Peace Makers. The Conference of 1919 and the Attempts to End War, London u.a. 2001.
- ■ Mayer, Arno J.: Politics and Diplomacy of Peacemaking. Containment and Counterrevolution at Versailles, 1918-1919, London 1968.
- ■ Niedhart, Gottfried: Die Außenpolitik der Weimarer Republik, München 2. Auflage 2006.
- ■ Roshwald, Aviel: Ethnic Nationalism & the Fall of Empires. Central Europe, Russia & the Middle East, 1914-1923, London/New York 2001.
- ■ Schulz, Gerhard: Revolutionen und Friedensschlüsse 1917-1920, München 6. Auflage 1985.
- ■ Schwabe, Klaus (Hg.): Quellen zum Friedensschluß von Versailles, Darmstadt 1997.
- ■ Sharp, Alan: The Settlement. Peacemaking at Paris, London 1991.
- ■ Soutou, Georges-Henri: L'Or et le sang. Les buts de guerre économiques de la Première Guerre Mondiale, Paris 1989.
- ■ Steiner, Zara: The Lights that Failed. European International History 1919-1939, Cambridge 2005.
- ■ Wegner, Bernd (Hg.): Wie Kriege enden. Wege zum Frieden von der Antike zur Gegenwart, Paderborn 2002.

Francis Balace

Belgien und die Ostkantone im Versailler Vertrag. Irredenta-Gebiet, militärische Pufferzone oder Trostpreis?

Wollte man die belgische Teilnahme und Haltung an der berühmten Konferenz von Versailles in einer Zeichnung darstellen, so würde sich die weinerliche Zeichentrickfigur des Calimero (*c'est vraiment trop injuste*) aufdrängen. Hat nicht auch die amerikanische Historikerin Sally Marks ihr hervorragendes Buch zu den belgischen Positionen in Versailles *Innocent Abroad* genannt?[1] Seit seiner Unabhängigkeit und den Verträgen der XVIII und XXIV Artikel hatte das Land keine andere Außenpolitik geführt, als eifersüchtig über seine Neutralität zu wachen, und, zumindest in Europa, jedes bedrohliche Abenteuer zu vermeiden. Es gab kein anderes Ziel, als sich durch unaufhörliche Verrenkungen vor den annexionistischen Versuchungen und dem Druck einiger seiner Nachbarn zu schützen. Die Belgier, ein Volk von friedlichen Händlern, reichen Industriellen und Bauern, die ihrem Geld so nahe standen wie ihrem Landbesitz, waren von der alliierten Propaganda wegen ihres Widerstands gegen die deutsche Invasion plötzlich auf den Schild des kriegerischen Heroismus gehoben worden. Guten Glaubens hatten sie sich nunmehr von ihrem

---

[1] Sally Marks: Innocent Abroad: Belgium at the Paris Peace Conference of 1919, Chapel Hill 1981.

kriegerischen Atavismus überzeugen lassen und mit Vergnügen das Paradepferd des Nationalismus besteigen, hierbei dem bekannten Pierre Nothomb folgend, aber auch so verschiedenen Persönlichkeiten wie Fernand Neuray, Jules Destrée, Louis Piérard oder Maurice des Ombiaux. Letzterer, der *prince des conteurs wallons*, war unter dem Einfluss des Krieges von einem wallonisch-nationalistischen [*wallingant*] Regionalisten zu einem belgischen Nationalisten der chauvinistischsten Sorte mutiert, als er 1916 *Les revendications territoriales de la Belgique* veröffentlichte. Er war es, der in einer 1917 erschienenen Propagandaschrift, neben einer Lobeshymne auf die belgische Artillerie, die Evokation des *wallonischen* Charakters der Eifel mit einem rassistischen Deutschenhass der übelsten Sorte verband: *Obusier géant, tu nettoieras l'Alsace-Lorraine, la Belgique, le Luxembourg, tu avanceras triomphant à travers l'Eifel, où l'on parle toujours le wallon de Liège, et tu noieras dans les flots du Rhin redevenu gaulois, la férocité de Wotan et de Thor, accrue encore par la Kultur.*[2]

Sieht man von der sehr komplizierten Reparationsfrage, der Übernahme der Besatzungs-Mark und der Aufhebung des Statuts der erzwungenen Neutralität ab, dann verbuchte die Bilanz der Friedenskonferenz für Belgien, das seine Forderungen auf das Großherzogtum Luxemburg, Limburg und die Schelde nicht hatte durchsetzen können, eine Art Trostpreis, ein Trinkgeld, das ihm die Aliierten zustanden und das schließlich mit Beharrlichkeit von der belgischen Delegation gefordert wurde, um nicht mit leeren Händen

[2] Maurice des Ombiaux: Un royaume en exil, Paris 1917, S. 77.

heimzukehren: die bedingte Annexion der Kreise Eupen und Malmedy.[3]

In Le Havre, dem Sitz des belgischen Außenministeriums während der Besatzung, war am 28. April 1915 ein Vermerk für alle belgischen Diplomaten entstanden, in dem die territorialen Forderungen Belgiens rekapituliert wurden, falls es von seinen „loyalen Garantiemächten" (Frankreich, Großbritannien, Russland) zu „Beratungen über den Frieden" eingeladen würde. Diese Forderungen, die darauf abzielten, die „Ungerechtigkeiten" des Vertrags der XXIV Artikel von 1831 und seiner Anwendung ab 1839 auszugleichen, bezogen sich hauptsächlich auf das Großherzogtum Luxemburg und auf die damals den Niederlanden zugesprochenen Gebiete. Gegenüber Deutschland war man bedeutend weniger fordernd, ja sogar zurückhaltend: die offizielle Note ließ verlauten, dass Belgien die „fünf belgischen Kantone" fordern würde, die 1815 vom Wiener Kongress Preußen zugesprochen worden waren, sowie eine militärische Pufferzone zur Deckung Lüttichs. Diese Forderungen sollten überdies nur wirksam werden, wenn die Mächte das Reich zerstückelten, oder wenn sie, zur zukünftigen Sicherheit des Landes und der Beruhigung seiner Garantiemächte, den Erwerb strategischer Gebiete vorsehen würden:

Si [...] on ajoute les cinq cantons belges de Saint-Vith, Malmédy, Cronenbourg, Schleiden et Eupen, que l'article 25 de l'acte final de Vienne a détachés des anciens départements de l'Ourthe et des Forêts pour les réunir à la Prusse rhénane, l'arrondisse-

---

[3] Unter den veröffentlichten Erinnerungen beziehen wir uns vorwiegend auf die Memoiren des liberalen Außenministers und Leiters der belgischen Delegation in Versailles, Paul Hymans, hg. von Frans van Kalken und John Bartier, 2 Bde., Brüssel 1958 und auf André Tardieu: La Paix, Paris 1921. Die historische Literatur zum Thema ist sehr umfassend und wird im Beitrag von Christoph Brüll in diesem Band eingeordnet. Die wesentlichen Werke sind: Heinz Doepgen: Die Abtretung des Gebietes von Eupen-Malmedy an Belgien im Jahre 1920, Bonn 1966; Kurt Fagnoul: Die annulierte Annexion, vom Wiener Kongress bis zum Ende Bolleniens, St. Vith 1985; Roger Collinet: L'annexion d'Eupen et de Malmedy à la Belgique en 1920, Verviers 1986, sowie die grundlegenden Arbeiten von Klaus Pabst: Eupen-Malmedy in der belgischen Regierungs- und Parteienpolitik 1914-1940, in: Zeitschrift des Aachener Geschichtsvereins, Band 76, 1964, S. 205-513 und ders.: Das Problem der deutsch-belgischen Grenze in der Politik der letzten 150 Jahre, in: ebd., Band 77, 1966, S. 183-270.

ment de Bitburg, enlevé au Luxembourg, et le territoire jugé nécessaire pour mettre Liège à l'abri d'un coup de main, nos ambitions territoriales seront satisfaites.

Encore, la Belgique ne demanderait-elle cette bande de territoires sur sa frontière de l'Est que dans le cas de démembrement du territoire allemand au profit d'autres puissances.

Il n'est pas impensable qu'en vue de se prémunir contre les nouveaux attentats de l'Allemagne, les puissances ne nous offrent ou nous imposent d'autres extensions territoriales.

Notre diplomatie accueillera ces propositions comme d'ailleurs toute proposition non prévue ici sans les accueillir, sans les rejeter. Si la défaite des Alliés n'est plus à redouter, nul ne peut prévoir l'ampleur des remaniements territoriaux, conséquences des évènements qui se déroulent en ce moment [...].[4]

Wie dem auch sei, hinter der Yser-Front gab man nunmehr vor, das Schicksal der „preußischen Wallonie" zu beweinen, die man folgerichtig „unser Elsass-Lothringen" nannte, um das Verständnis der Franzosen zu gewinnen. Zwar waren die französischen Politiker wenig begeistert von der Politik der „Mit-Kriegsführung" und der Ablehnung eines Bündnisses, die Albert I. führen wollte, doch ermutigten sie, so gut es ging, die belgischen Expansionsabsichten, solange sie sich gegen Deutschland richteten. Dies würde Belgien enger an die Politik und die Kriegsziele Paris' binden und jede Versuchung eines Separatfriedens bremsen, der auf der Räumung des belgischen Staatsgebiets und der

---

[4] Note des Affaires Etrangères aux postes diplomatiques – Le Havre, 28 avril 1915. Direction P/N°6266 (Archives Générales du Royaume, Papiers de Broqueville, dossier 10). Faksimiliert in Collinet: L'annexion, S. 15. Die Hervorhebungen stammen vom Verfasser, um deutlich zu machen, dass die Annexion der von Deutschland abgetretenen Gebiete in den Augen der belgischen Diplomatie keine Priorität darstellte.

Belgien und die Ostkantone im Versailler Vertrag. Irredenta-Gebiet, militärische Pufferzone oder Trostpreis?

Rückkehr zur Neutralität beruhte. Im Juni 1915 hatte Präsident Raymond Poincaré dem Vertreter der belgischen Regierung von Sainte-Adresse, Baron Guillaume, zu verstehen gegeben, dass es möglich sein werde, Belgien nach dem Frieden „eine Ausweitung in der Gegend von Lüttich und Aachen"[5] zuzugestehen, womit er, ohne dies ausdrücklich zu sagen, Eupen und Malmedy meinte. Diese Erklärung, die der Minister sogleich nach London und St. Petersburg weitergab, hatte die Ermutigung der belgischen Regierung zu noch mehr Härte und zur Weiterführung des Krieges zum Ziel. Nothomb, der dem Kabinett des Ministers Henry Carton de Wiart angehörte und von Jules Renkin protegiert wurde, hatte nunmehr freie Bahn für seine Propaganda.[6]

Was Nothomb jedoch vor allem interessierte, war die Frage des Großherzogtums Luxemburg, die Annullierung des Vertrags der XXIV Artikel und die Revanche für das „Drama von 1839".[7] Es scheint paradox, aber es war dieser Vorrang für die luxemburgische Frage vor derjenigen der „preußischen Wallonie", die ihn dazu brachte, über das Gebiet von Eupen und Malmedy hinaus die Annexion weiterer deutscher Gebiete ins Auge zu fassen. Hatte der Wiener Kongress 1815 Preußen nicht Gebiete zugesprochen, die dem Landstrich abgenommen wurden, der innerhalb der Österreichischen Niederlande das Herzogtum Luxemburg gewesen war? Nicht bloß der obligatorische „Kanton" St. Vith, sondern auch die abgelegenen „Kantone" Schleiden, Kronenburg und Bitburg. Für Nothomb

---

[5] Archiv des Belgischen Außenministeriums: Telegramm an die Botschaften von London und St. Petersburg. Direction P/N°6266.

[6] Kurt Grünebaum: Pierre Nothomb, der Streiter für „Großbelgien" – Pierre Nothomb et son combat pour l'incorporation d'Eupen-Malmédy à la Belgique, in: Pierre Nothomb et le Nationalisme Belge de 1914 à 1930, Arlon 1980, S. 42-44.

[7] Gilbert Trausch: Pierre Nothomb et la question du Luxembourg à l'époque de la première guerre mondiale und P.H. Desneux: Pierre Nothomb et la révision des traités de 1839, in: Pierre Nothomb, S. 22-41 und 43-51.

handelte es sich um eine politische Waffe, von der er mit ebenso viel Enthusiasmus wie Naivität glaubte, dass die Luxemburger sich so anerkennend über diesen Zugewinn ehemaliger Territorien zeigen würden, dass sie leichten Herzens eine „belgische" Lösung der luxemburgischen Frage akzeptieren würden (Annexion, Föderation oder Doppelmonarchie). Es ist recht amüsant, daran zu erinnern, dass es Frankreich war, das 1915 die Idee suggerierte oder unterstützte, Eupen und Malmedy wiederzuerlangen, dass Nothomb die Angliederung St. Viths an ein „belgisiertes" [*belgifié*] Großherzogtum und, wenn möglich, anderer Gebiete hinzufügte, und dass er in Anwendung desselben Gedankengangs verlangte, Eupen und Malmedy an die belgische Erbin jener historischen Entitäten zurückzugeben, die dort vor 1795 oder 1815 geherrscht hatten.

In Brüssel erschien 1916 eine angeblich geheime, umfangreiche Broschüre: *La Belgique au tournant de son histoire* – ein Zeugnis ungeheuerlicher Träumereien: nach dem Sieg sollte Belgien sich am Rhein niederlassen, Köln, Bonn und Koblenz annektieren und von dort aus dem Lauf der Mosel folgen, indem es sich das Großherzogtum Luxemburg und, en passant, einen Großteil der Gegend um Trier einverleibte. Den Holländern sollte es nicht viel besser ergehen (Belgien forderte das linke Scheldeufer und Süd-Limburg), genau wie dem französischen Mit-Kriegsführenden, der höflicherweise den Gebietszipfel [*poche*] von Givet, den Nord-Pas de Calais mit Dünkirchen, Lille und Douai, abtreten sollte, um Belgien für seine Verluste zu entschädigen, die es beim Bremsen des deutschen Vormarsches erlitten hatte. Nothomb, der damals einen

Belgien und die Ostkantone im Versailler Vertrag.
Irredenta-Gebiet, militärische Pufferzone oder Trostpreis?

offiziellen Posten innehatte, war von der Broschüre begeistert. Sie stammte in weiten Teilen aus der Feder seiner zukünftigen rechten Hand Paul A. Oudenne und eines gewissen Prébald, eines französischsprachigen Journalisten. Als Letzterem bewusst wurde, dass er von den deutschen Geheimdiensten (die ihn aus den Niederlanden nach Brüssel zurückgebracht haben) ausgespielt worden war und dass die „geheime" Broschüre, die die Regierungen Belgiens und Frankreichs verwirren sollte, in Wirklichkeit ein deutscher „Schwindel" war, beging er Selbstmord. Paul A. Oudenne wurde hingegen 1944/1945 rückfällig, als er im Namen des Belgischen Rheinkomitees Dünkirchen und Französisch-Flandern auf Papier annektierte – sehr zum Ärger der französischen Botschaft.[8] Es handelt sich dabei nicht nur um irgendwelche Träume französischsprachiger Hohlköpfe. Die flämischen Soldaten an der Yser sangen zur selben Zeit:

Belgenland is veel te klein
Belgenland moet groter zijn
Moet gaan van zee tot Rijn

Das heroische und siegreiche Belgien glaubte also, dass ihm nach dem Kriegsende alles, was es verlangte, auf einem goldenen Tablett serviert würde – trotz des lebhaften Widerstands Königs Albert I. gegen jede übertriebene Expansionspolitik (was ihm in der Korrespondenz der Nationalisten den Spitznamen *le Grand Constipé* einbrachte[9]). Der König verfolgte die traditionelle Politik seines Hauses: die Unabhängigkeit von den Großmächten, die Mit-Kriegsführung und keine Bündnispolitik, ein geschicktes Schaukelspiel zwischen

---

[8] Über diese merkwürdige Broschüre, die im Oktober veröffentlicht wurde, mit einem von E.P. signierten Vorwort und die in einer nicht existierenden Imprimerie nationale gedruckt worden war, s. Pierre Nothomb: Les Etapes du nationalisme belge, Brüssel/Paris 1918, S. 84; Leo Picard: Vlaamse beweging in het buitenland, in: Revue belge d'histoire contemporaine, Bd. IV, 1973, S. 501-511; Francis Balace: Barrès, un prêt-à-porter pour les nationalistes francophones de Belgique?, in: Maurice Barrès, la Lorraine, la France et l'Etranger, Bern/Berlin/Brüssel 2011, S. 281-312 (hier S. 299-301).

[9] Jacques Willequet: Albert Ier, Roi des Belges, Brüssel 1979, S. 123.

Francis Balace

London und Paris, je nach Interessenlage. Er war jedoch auch Realist: wenn Belgien, über die hypothetische Beibehaltung der Freundschaft mit England hinaus, einen Beschützer auf dem Kontinent wollte, brauchte es die Unterstützung Frankreichs, ohne sich jedoch zu eng zu binden (darum hatte er sich auch 1918 von Premierminister Charles de Brocqueville getrennt, der die Unvorsichtigkeit oder die Unverschämtheit begangen hatte, sich in sein Kommando der Streitkräfte einzumischen und den er als dem Quai d'Orsay oder den Nationalisten von der Art eines Fernand Neuray zu nahe stehend betrachtete).

Wie Jacques Willequet sehr gut gezeigt hat, schwankten die belgischen Behörden während des gesamten Konfliktes zwischen zwei Politiken. Innerhalb der Koalition hatte Belgien eine besondere Stellung beibehalten: die der Mit-Kriegsführung. Es war der protegierte Neutrale, der zu Unrecht eingenommen worden war, und der, indem er kämpfte, dieses Statut respektierte, um es hernach behalten zu können und um während der Verhandlungen zum Friedensvertrag ein Maximum an Vorteilen und eine Priorität in der Frage der Reparationen zu erlangen. Belgien nahm also nicht an den alliierten Verhandlungen teil, die – von den Londoner Gesprächen bis zu denen von Saint-Jean-de-Maurienne – großzügig das Fell des Bären verteilten, den sie noch gar nicht erlegt hatten. Oder war es im Gegenteil nicht geschickter, sich der enormen Popularität zu bedienen, die man in der alliierten öffentlichen Meinung gewonnen hatte, um sich als alliierte Macht in deren Lager einzurichten und seine Gebietsforderungen mit der Unterstützung Londons und Paris' durchzusetzen?[10]

---

[10] Jacques Willequet: La Grande Belgique, in: Les Grands Evénements du XXe Siècle en Belgique, Brüssel 1987, S. 80-83.

Belgien und die Ostkantone im Versailler Vertrag.
Irredenta-Gebiet, militärische Pufferzone oder Trostpreis?

„Wenn Belgien aus dem Versailler Vertrag nur wenig ziehen konnte, dann lag dies daran, dass es in den letzten Kriegsmonaten niemals zu einer eindeutigen Entscheidung für eine dieser zwei Politiken` gelangt war."[11]

Das Problem der Expansionisten war zudem, dass die belgische Öffentlichkeit Anfang 1919 so aufgebracht gegen *les Boches* war, dass ihr nichts daran lag, einen Teil von ihnen zu Mitbürgern zu machen. Die spätere belgische Unterstützung für den rheinischen Separatismus zielte nur darauf ab, ein ziemlich vages Protektorat über die Region Aachen-Düren-Köln einzurichten, was jedoch ausreichte, um den französischen Appetit auf südlichere Teile des Rheinlands und die Pfalz zu behindern und die Briten zu verärgern. Das große Thema war die Wiedergutmachung des „Dramas von 1839" durch die Eingliederung des Großherzogtums (das gerade eine Revolution erlebte hatte, die zur Absetzung der Großherzogin Maria-Adelheid geführt hatte), aber auch von Süd-Limburg, von See-Flandern … Das große Problem war dabei, dass die Unabhängigkeit des Großherzogtums und seine Neutralität kollektiv durch den Londoner Vertrag von 1867 garantiert wurden. Für die belgische Diplomatie war es mithin heikel, Bethmann-Hollweg vorzuwerfen, den Vertrag von 1831 als „Papierfetzen" bezeichnet zu haben. Darüber hinaus waren die Niederlande während des Krieges neutral geblieben, auch wenn man ihnen Gefälligkeiten gegenüber den Deutschen vorwerfen könnte, wie die Versorgung trotz des Blockade, die Internierung belgischer Soldaten, die aus Antwerpen entkommen waren, während vier Jahren, wohingegen

[11] Willequet: Albert Ier, S. 122.

Francis Balace

man im November-Dezember 1918 große deutsche Truppenteile durch Limburg ziehen ließ, ohne Gefangene zu machen ... Die „Friedenskonferenz" in Versailles war schlicht nicht zuständig, um über das Schicksal von Gebieten eines Landes zu entscheiden, das gar nicht am Konflikt teilgenommen hatte. Sicher behandelte sie die Zukunft Schleswig-Holsteins, das Dänemark 1864 genommen worden war, und organisierte dort ein Plebiszit, um zu bestimmen, welche Teile dem neutral gebliebenen Kopenhagen zurückgegeben werden sollten, aber diese Frage gehörte zu dem weiteren Komplex der neuen Grenzen Deutschlands. In diesem Zusammenhang, so erinnerte es auch der Amerikaner Professor Charles Homer Haskins, der der „Kommission für Belgische Angelegenheiten" angehörte, „hatte diese Grenzänderung [Eupen-Malmedy; FB] für Belgien nur eine *sekundäre Bedeutung*. Während der Konferenz lagen seine vorrangigen Interessen in seinen Reparationsforderungen und seinem Verhältnis zu den Niederlanden."[12]

Belgien musste außerdem die traditionelle Politik Großbritanniens in Rechnung stellen. „Antwerpen ist eine auf das Herz Englands gerichtete Pistole", hatte bereits Napoleon gesagt, und die Admiralität widersetzte sich jeder Besetzung der beiden Scheldeufer durch Belgien, das sie Frankreich hörig glaubte. Die Präferenz lag auf der Beibehaltung des Status quo, der der *Royal Navy* die tatsächliche Kontrolle über die Nordsee ließ.[13] Zudem gehörten der „imperialen" Delegation in Paris mit Botha und Smuts zwei Vertreter der Süd-Afrikanischen Union an. Diese beiden ehemaligen Buren-Generäle standen den belgischen Forderungen

---

[12] Charles Homer Haskins: Les nouvelles frontières de l'Allemagne, in: Ce qui se passa réellement à Paris en 1918-1919. Histoire de la Conférence de la Paix par les délégués américains, Paris 1923, S. 47.

[13] Dies war jedoch nicht die Meinung von Admiral Beatty, der Albert I. anvertraute, dass er es als Kommandant der Royal Navy in der Nordsee vorzog, die beiden Ufer der Schelde in belgischer Hand zu sehen. (Hymans: Mémoires, Bd. I, S. 372).

feindlich gegenüber, insofern sie sich gegen die niederländische „Schwesternation" richteten. Sie folgten jedoch ganz allgemein der idealistischen Linie Woodrow Wilsons, die sich gegen jeglichen Gebietsschacher richtete.

Schließlich zeigten sich die Großmächte, die alles unter sich regeln wollten, immer mehr verärgert über die Selbstzufriedenheit Belgiens, das glaubte, im August 1914 die Welt und die Zivilisation gerettet zu haben, und durch seine erklärte Identität als kleines neutrales, zu Unrecht angegriffenes Land, das mit der Debatte über die Kriegsverantwortlichkeiten und die „Kriegsziele" der einen und der anderen nichts zu tun haben wollte. Die Obsession für die Vorrangigkeit der Reparationsforderungen nervte, so dass der von der Verbissenheit der Belgier verärgerte Clemenceau eines Tages Lloyd George zuwarf: *Kill the Belgians!* Das satirische Blatt *Pourquoi pas?* fasste später die Degradierung der belgischen Stellung durch die „Großen" treffend zusammen: *En 1914, la Belgique était héroïque et martyre; en 1916, stoïque et admirable; en 1918, noble et courageuse; en 1919, exigeante et embêtante; en 1920, inexistante.*[14]

Die „Kommission für Belgische Angelegenheiten" – sie tagte vom 25. Februar bis zum 5. April 1919 – war eine Schöpfung des „Rates der Zehn", um die belgischen Territorialansprüche zu prüfen. Gleich zu Beginn verkündete sie, auf Vorschlag des Briten Balfour, dass diese Kommission nicht die Luxemburgische Frage behandeln solle, die aufgrund ihrer großen politischen Konsequenzen besser dem „Rat der Fünf" überlassen bleibe. Die Belgier waren jedoch schon

---

[14] Pourquoi Pas ?, 17.07.1925, S. 734.

erfreut, dass für ihre Forderungen eigens eine Kommission einberufen und dass André Tardieu deren Vorsitz übertragen worden war, der sowohl Foch als auch Clemenceau nahe stand und, manchmal zu Unrecht, in dem Ruf stand, probelgisch eingestellt zu sein.[15] Der zweite französische Experte war der Botschafter Frankreichs in Brüssel, Laroche. Tardieu erwies sich als effizienter Verbündeter der belgischen Delegation, freilich vertrat er die politischen und militärischen Interessen seines Landes. Die Amerikaner entsandten den Harvard-Professor Charles Homer Haskins und Oberst S.D. Embick; die Briten den Unterstaatssekretär für „kontinentale" Angelegenheiten, Sir Eyre Crowe, und J.W. Headlam Morley; die Italiener (die sich schnell aus Versailles zurückzogen, als ihre Forderungen in der Adria nicht erfüllt wurden) Ricci Busatti und den Grafen Vanutelli-Rey, der später Botschafter in Brüssel wurde. Es gab also acht Mitglieder und der fünfte „Große", Japan, teilte den Diplomaten Kato zu. Man kann ihn sich bildlich vorstellen, wie er abends in seinem Hotelzimmer im Kimono über die Karten gebeugt war, um über das Schicksal von Sourbrodt oder Bütgenbach zu entscheiden oder um darauf Losheimergraben und Kalterherberg zu finden… (so lächerlich ist das nicht, es war ein belgischer Major, der wenig später anhand von Kompass und Theodolit die quer durch die Wüste verlaufende Grenze zwischen Irak und dem Hedjaz zog). Es waren jedoch letztlich nur Franzosen, Briten und Amerikaner, die sich an den Diskussionen beteiligten. Italiener und Japaner zeigten nur wenig Interesse an Fragen, die ihre Länder nicht direkt betrafen.

[15] Tardieu, der Ordonnanzoffizier Fochs gewesen war, als dieser die Nordarmee befehligte, geriet in den Strudel der heftigen Polemik zwischen dem König der Belgier und dem Marschall über das Verdienst, die Yser-Schlacht im Oktober 1914 geliefert zu haben. Als Replik auf Tardieus Buch *Avec Foch (août-novembre 1914)* veröffentliche ein Verband ehemaliger belgischer Frontkämpfer im Jahr 1939 *La vérité contre Tardieu* (s. Francis Balace: Foch et la Belgique. Je t'aime, moi non plus, in: Rémy Porte und François Cochet (Hg.): Ferdinand Foch (1851-1929). Apprenez à penser, Paris 2010, S. 373-400).

Belgien und die Ostkantone im Versailler Vertrag. Irredenta-Gebiet, militärische Pufferzone oder Trostpreis?

Es sollte darüber nicht vergessen werden, dass die siegreichen Großmächte, die in Versailles tagten, täglich konkrete und befriedende Lösungen finden mussten für die widersprüchlichen Ansprüche ihrer Alliierten und Mit-Kriegsführenden, für den Respekt der Neutralen und für eventuelle Beschwerden der Besiegten. Sicher wurde der Versailler Vertrag vom Reich als ein „Diktat" empfunden, da er nicht das Resultat einer Verhandlung zwischen gleichbehandelten Parteien darstellte. Die Außenpolitik des Reichs bis 1936 stand unter den Zeichen der „Gleichberechtigung", der Forderung nach Wiedererlangung gleicher Rechte für alle souveränen Nationen. Man versteht jedoch, dass die Mitglieder der Räte der Zehn, der Acht, der Fünf sich bei der Friedenskonferenz überwarfen, wenn man bedenkt, dass sie an einem Tag die Zukunft Danzigs (Gdańsk) und eines möglichen polnischen Korridors behandeln mussten, am nächsten Tag diejenige des bulgarischen Makedoniens und des Tals der Dedeagac und am übernächsten Tag die Frage der Zahl der von Deutschland als Reparationsleistung zu liefernden Lokomotiven und Telegrafenmasten. Ebenso sollte man bedenken, dass es sich bei den durch Wählervotum oder parlamentarisches Spiel ins Amt gekommenen Regierungschefs manchmal um Personen handelte, die nur sehr ungefähre Kenntnisse der Geschichte und Geographie besaßen. Der britische Premier, der Waliser David Lloyd George, war für seine Irrtümer berühmt. So erklärte er Albert I., der eigens mit dem Flugzeug angereist war, um die belgischen Forderungen zu verteidigen, dass er zufrieden sein könne, da man Belgien „Verviers auf dem linken Rheinufer" [sic] übertragen werde.[16]

---

[16] Solche Anekdoten wurden in den 1930er Jahren durch die Vorträge des Historikers Charles Terlinden verbreitet, der als Berater der belgischen Delegation in Versailles fungiert hatte.

Tatsächlich sollte diese „Kommission der Acht" in den belgischen Angelegenheiten nur politische und vor allem militärische Aspekte behandeln und Tardieu zeigte sich sogleich ziemlich reserviert, obwohl er die sympathische Form wahrte. Er verstand die belgischen Sicherheitsbedenken, was die freie Schifffahrt auf der Schelde, den Verlauf der limburgischen Grenze und das ewige Problem des „Durchbruchs" bei Maastricht betraf, war aber, genau wie die Auguren der französischen Diplomatie, Jules Cambon und Stephen Pichon, der Ansicht, dass die Kommission diese Probleme nicht würde lösen können, da sie außerhalb ihrer Befugnisse lagen, und sie sich deshalb darauf beschränken sollte, Belgien zu direkten Verhandlungen mit den Niederlanden einzuladen. Die Briten wollten ihrerseits die Frage der Schelde-Schifffahrt in Friedenszeiten an die Kommission für Häfen und Flussläufe verweisen. Da das Großherzogtum für ihn die natürliche Verlängerung des Saarbeckens war, hielt Tardieu für den Fall einer wundersamen Übertragung an Belgien eine französisch-belgische Wirtschaftskonvention für nötig, auf die dann eine Konvention folgen müsse mit einem möglichen unabhängigen und neutralen Rheinstaat. Letzterer sollte dann mit Frankreich durch eine Art „gemischten Zollverein" verbunden sein.[17]

Paul Hymans musste ebenfalls mit der lästigen Präsenz des sozialistischen Parteiführers Emile Vandervelde in der belgischen Delegation umgehen: *Il compromit quelquefois, par des propos qui semèrent le doute sur nos visées politiques, nos efforts dans l'affaire de l'Escaut et du Limbourg. Il ne put tout à fait oublier qu'il représentait l'Internationale Ouvrière.*[18]

[17] Hymans: Mémoires, Bd. I, S. 369-371.

[18] Ebd., S.334. Emile Vandervelde war der Delegation als Mitglied der Kommission, die sich um die Arbeitsorganisation kümmerte, zugeteilt worden; daraus entstand dann später das Internationale Büro für Arbeit, das Sekretariat der Internationalen Arbeitsorganisation. In seinen Memoiren beschwert sich Hymans, dass er von Vandervelde nur „schwache Unterstützung" erhalten habe und dass „er sich im letzten Moment zurückzuziehen schien und zögerte, den Vertrag zu unterzeichnen".

Vandervelde war jedoch mit drei Punkten einverstanden:
- Freie Bestimmung der Schelde und der Zugänge zum Rhein
- Grenzveränderungen, aber nur Malmedy und Neutral-Moresnet
- *Freiwillige Annäherung* zwischen Belgien und Luxemburg *in zu bestimmenden Formen*

Es begannen nun jedoch alle Teilnehmer zu lügen und sich die Verantwortung in der Luxemburgischen Frage zuzuschieben. Colonel House, die rechte Hand Wilsons, und Arthur Balfour ließen durchscheinen, sie hätten versucht, Clemenceau zu überzeugen, Luxemburg an Belgien zu übertragen, als Ausgleich für die Wiedereingliederung von Elsass-Lothringen und die Kontrolle über die Saar durch Frankreich. Der *Père La Victoire* habe sich jedoch hinter dem Wilsonianischen Prinzip der Selbstbestimmung der Völker verschanzt. Balfour räumte ebenfalls ein, dass sich das *Foreign Office* starkem Druck der niederländischen Diplomatie ausgesetzt sah und dass man nicht an das Territorium eines neutral gebliebenen Staates rühren dürfe ... Lloyd George befürchtete, dass Frankreich den Platz eines besiegten Deutschlands einnehmen wolle, um eine Hegemonie auf dem Kontinent zu errichten. Während Großbritannien mit den katholischen Nationalisten in Irland zu kämpfen hatte, sah Lloyd George in den Militärabkommen, die Paris mit Polen und Belgien abschließen wollte, mit Sorge die Vorzeichen einer solchen französischen Hegemonie, die ebenfalls katholisch sein würde.[19] Tatsächlich sahen vom Radikallinken Clemenceau bis hin zu den hyperreaktionären Milieus

---

[19] Zum Anti-Katholizismus von Lloyd George und zu seinem systematischen Widerstand gegen Frankreich in der Frage Polens, s. Francis Balace: La Pologne au Traité de Versailles : le difficile processus de formation des frontières ouest (1918-1920), in: Teresa Wysokinska und Alain Van Ceugten (Hg.): La Pologne au XXe Siècle, Brüssel 2001, S. 17-53.

der *Action française* zahlreiche französische Meinungsführer in der Befreiung Belgiens von seinen Pflichten als neutraler, geschützter Staat nur eine Gelegenheit, es unauflöslich mit der Pariser Außen- und Verteidigungspolitik zu verbinden. Clemenceau definierte Belgien zu diesem Zeitpunkt als un *Etat auxiliaire destiné à se mouvoir dans l'ombre de la France*[20] und der royalistische Historiker Jacques Bainville schrieb in sein Tagebuch: *La Belgique n'a pas d'autres intérêts, elle n'aura pas d'autres points de vue que les nôtres.*[21]

Die Grundlagen der belgischen Argumentation zur Annexion deutscher Territorien wurden von einer Arbeitsgruppe entwickelt, die aus den Juristen Rolin-Jacquemyns (dem zukünftigen belgischen Kommissar der Interalliierten Rheinlandkommission) und Henri Rolin (damals noch aktiver Leutnant), dem Historiker und zukünftigen Professor an der Universität Gent, François Ganshof (Bruder des späteren Generalauditors Walter Ganshof van der Meersch in der Zeit der Säuberung nach 1945) und einem Militärexperten, Hauptmann BEM Desrousseaux (der als General die Kapitulation am 28. Mai 1940 unterzeichnen sollte), bestand. Desrousseaux, der den Militärberater des Königs, Oberst Emile Galet, vertrat, berief sich auf einen Synthesevermerk der 2. Sektion des Generalstabs vom 29. Januar 1919[22], der die alte Obsession der Militärs in Bezug auf den „Durchbruch" bei Maastricht und den natürlichen Invasionskorridor Luxemburg widerspiegelte.

---

[20] Hymans: Mémoires, Bd. II, S. 548.

[21] Jacques Bainville: Journal 1901-1918, Paris 1948, S. 218 (17.11.1918): *La garantie qu'il faut désormais à la Belgique, c'est celle qu'il nous faut à nous mêmes : c'est une garantie positive et sérieuse, une garantie qui ne soit pas de papier, contre le danger d'une grande Allemagne. Exposée aux mêmes périls que nous, exposée au même titre que nous, à toutes les invasions germaniques, qu'elles soient économiques ou militaires, la Belgique n'a pas d'autres intérêts, elle n'aura pas d'autres points de vue que les nôtres. L'abolition d'une neutralité qui a fait son temps signifie, pour les problèmes de la paix et pour les problèmes de l'avenir, une alliance franco-belge, pièce du système d'alliances qui s'est formé dans la guerre et qui devra survivre à la guerre.*

[22] GQG- 2e Section – Note 6723, 29.01.1919 (A.G.R., Nachlass P. Hymans, Bd. 151).

Die Militärs hatten zwei Lösungen für eine deutsch-belgische Grenzziehung ins Auge gefasst:
- Die „grüne Linie", der Minimalvorschlag, umfasste die (fast vollständige) Annexion der Kreise Eupen und Malmedy.
- Die „schwarze Linie" (die der Rur und der Kyll), der Maximalvorschlag, würde dem Lauf der Prüm vom Zusammenfluss mit der Sauer, den Hügeln der Schneifel, der Urft und dann bis in den Süden von Aachen in gerader Linie folgen. Die Militärs glaubten, dass diese Linie im Falle der Wiederaufnahme der Kampfhandlungen (der Waffenstillstand vom November 1918 war zunächst befristet) leichter zu verteidigen sei, da die Spitze des Kreises Monschau verschwinden würde, die zwischen den Kreisen Eupen und Malmedy lag. Zudem würde die Vennbahn vollständig über belgisches Gebiet verlaufen. Vertraulich gab Desrousseaux jedoch zu verstehen, dass diese „schwarze Linie" keinen großen Verteidigungswert besaß, wenn Belgien nicht gleichzeitig Luxemburg besetzte oder über dessen Territorium frei verfügen könne.[23]

Wenn Paul Hymans auch ein agiler Außenminister war, so blieb er doch der Chef der Liberalen Partei und ein Französischsprachiger. Seine Partei führte zu diesem Zeitpunkt unter dem Banner der Verteidigung der belgischen Einheit einen heftigen Kampf gegen die sprachenpolitischen Forderungen der flämisch-nationalistischen [*flamingant*] Katholiken und schob der Katholischen Partei die Verantwortung für die mangelnde Vorbereitung Belgiens vor 1914 zu. Er gab den Militärs

---

[23] Collinet: L'annexion, S. 31-33 zitiert einen Vermerk von Ganshof (A.G.R., ebd.).

zu verstehen, nur die „grüne Linie" verteidigen zu wollen, um die „Annexion einer zu zahlreichen deutschen Bevölkerung zu vermeiden" und weil diese „den Vorteil besaß, eine Bevölkerung zu betreffen, in der die wallonischen Elemente zahlreicher sind im Verhältnis zur gesamten Bevölkerung" [sic].[24] Dies war auch die Meinung der Regierung und des Königs.[25] Tatsächlich, und Hymans gab dies auch in seinen Memoiren halbherzig zu, hatten die Liberalen in einem belgischen Staat, der sich in Richtung Allgemeines Wahlrecht für Männer bewegte, wenig Interesse daran, die Stammwählerschaft der Katholischen Partei zu stärken. Schließlich standen die potentiellen Wähler aus den neuen Kantonen in dem Ruf, erzkatholisch zu sein. Als man daran ging, einen Königlichen Hohen Kommissar zu finden und den kurzlebigen Delvaux de Fenffe[26] zu ersetzen, hatte Hymans an den General Michel (de Faing d'Aigremont) gedacht, den Verteidiger Namurs im Jahr 1914 und Kommandeur der belgischen Truppen, die am 24. August 1919 in Malmedy eingezogen waren. „Als er in mein Büro kam, sagte ich ihm umgangssprachlich und rundheraus: Herr General, gehen Sie zur Messe?`, Nein, antwortete er mir`. Dann ist es unnötig, das Gespräch fortzusetzen`. Tatsächlich war

[24] Vermerke und Memoranden von François Ganshof für Paul Hymans (A.G.R., ebd.).

[25] Hymans: Mémoires, Bd. I, S. 464: *Je consultai l'Etat-major, qui m'adressa une note indiquant les tracés de frontière offrant les meilleures garanties stratégiques. Je m'entretins avec le colonel Galet, conseiller militaire de la délégation et je recueillis les avis du capitaine-commandant Desrousseaux et du capitaine-commandant Maury, spécialiste de géographie militaire, désignés pour m'assister. La ligne stratégique la plus sûre paraissait être la ligne de la Roer (Rur) et de la Kyll. Mais elle englobait presque tout l'Eifel et nous eût donné un vaste territoire de population allemande. J'écartai ce projet, et je choisis, d'accord avec l'Etat-major, une solution plus restreinte, qui nous attribuait les cantons de Malmédy, de Saint-Vith et d'Eupen. Leur population totale dépassait un peu 60.000 âmes et renfermait des groupes wallons. Je chargeai M. Orts, qui se trouvait à Bruxelles, de la soumettre au Premier ministre M. Delacroix et au Roi. Dans une conférence qu'ils eurent au Palais royal, ma proposition fut acceptée.*

[26] Der erste Hohe Kommissar war, seit dem 12. Juli 1919, Henry Delvaux de Fenffe, der Provinzgouverneur von Lüttich des Jahres 1914, auf den die Wahl im Juni 1919 fiel, weil er in den Augen der Regierung den drei wichtigsten Kriterien genügte: rekrutiert in den Regionen Lüttich und Verviers, des Deutschen und eines lokalen Dialekts mächtig und katholisch. Leider trat Delvaux de Fenffe – der bei den Lüttichern durch seine Strenge im August 1914 nicht in bester Erinnerung geblieben war und sich während der gesamten Besatzungszeit von Gaston Grégoire vertreten ließ – schon am 11. August 1919 zurück. Er erklärte, mit seinen Aufgaben als Hoher Kommissar für die zerstörten Regionen überlastet zu sein, vor allem jedoch war die Regierung nicht auf seine persönlichen und protokollarischen Forderungen eingegangen.

Belgien und die Ostkantone im Versailler Vertrag. Irredenta-Gebiet, militärische Pufferzone oder Trostpreis?

die Bevölkerung von Eupen-Malmedy tiefkatholisch und es wäre unvorsichtig und schockierend gewesen, ihrer religiösen Einstellung nicht Rechnung zu tragen."[27]

Diese Haltung war in Versailles auch von dem alten Antiklerikalen Clemenceau eingenommen worden. Während einer Diskussion bezüglich Luxemburgs, in der Gegenwart Alberts I., brach es aus Clemenceau, aufgebracht durch Anschuldigungen anti-belgischer Propaganda, die Frankreich dort organisieren würde, heraus: *Je n'ai pas besoin des Luxembourgeois, de ces 200.000 Boches, de ces 200.000 catholiques, prenez les, si vous en avez envie. Moi, je n'y tiens pas!*[28]

Das erste Memorandum, das Hymans der Kommission zukommen ließ (am 12. Februar) und am Vorabend vor dem „Rat der Zehn" verteidigte, stützte sich ausschließlich auf historische Argumente (Fürstabtei Stavelot-Malmedy für Malmedy, Herzogtum Limburg für Eupen, gemeinsame Zugehörigkeit zum Departement Ourthe bis zu den Verträgen von 1815). Sentimentale Argumente waren Petitionen aus „Malmedyer Kreisen", Brüssel, Lüttich und Dinant, in denen die Annexion gefordert wurde und auf die Existenz von zehntausend Wallonen hingewiesen wurde (bei einer Gesamtbevölkerung von 60.000 Einwohnern für Eupen, Malmedy und St. Vith).

Für Eupen erwies sich die Sache als heikel, denn das historische Argument war eben nur ein historisches, ein sprachliches war illusorisch und hätte sich gegen Belgien richten können. Deshalb betonte man ein ökonomisches Argument: die Annexion des größten Teils des Hertogenwalds als Ausgleich für die Abholzung von belgischen Staatswäldern während der Besatzungs-

[27] Hymans: Mémoires, Bd. I, S. 465-466.

[28] Ebd., S. 446. In einem an Hymans gerichteten Brief aus dem Jahr 1920 behauptete Baron Edmond de Gaiffier d'Hestroy, der belgische Botschafter in Paris, dass Clemenceau *ne saurait être considéré comme un ami de la Belgique. Il nous croyait livrés à l'Angleterre. Il pensait surtout que les idées catholiques dominant la Belgique pousseraient celle-ci à se rapprocher bientôt de l'Allemagne* (ebd., Bd. II, S. 549).

zeit; die Notwendigkeit, den Oberlauf der Weser vor Verschmutzung durch die Eupener Industrie oder vor „Zurückhalten des Wassers" zu schützen, bevor er überhaupt Verviers und Pepinster erreichte (man erinnerte an das deutsche Talsperrenprojekt in Eupen und das eines Kanals). Auf Anfrage der Militärs fügte man hinzu, dass der Wald ein natürliches Hindernis darstellte, indem man auf die Rolle der Wälder in der Gegend von Paris bei der Marne-Schlacht hinwies. Indem man die „grüne Linie" überquerte, konnte man dann auch Monschau fordern ...

Der französische Oberst Requin, ein Berater Tardieus, kontaktierte die Belgier: die Kommission sei einverstanden mit der Abtretung Malmedys, erachte die belgische Argumentation bezüglich Eupen jedoch als leichtgewichtig. Das Memorandum wurde daraufhin neu geschrieben. Man legte noch mehr Gewicht auf den Hertogenwald als eine Form von Reparation in natura, da eine finanzielle Entschädigung nicht ausreichen werde, um die in Belgien erlittenen Schäden auszugleichen. Man spielte nunmehr die ökonomische Karte aus: bei den Wasserläufen fügte man noch die Gefahr einer Verschmutzung durch die Monschauer Textilindustrie hinzu (um auch dieses Gebiet fordern zu können). Schließlich wies man darauf hin, dass nach dem Ende der Anomalie „Neutral-Moresnet", das nach der belgisch-preußischen Verwaltung nunmehr Belgien übertragen würde, neue Erschließungsgebiete für die Gesellschaft *Vieille Montagne* notwendig würden, da die Blei- und Zinkminen fast erschöpft seien, weshalb man die Vorkommen in Lontzen, Eynatten und Kettenis benötigen werde. Tardieu akzeptierte nunmehr eine

Unterstützung der belgischen Ansprüche auf den Kreis Eupen, die von Amerikanern und Briten bekämpft wurden, die nicht einsahen, warum eine deutschsprachige Bevölkerung allein aus wirtschaftlichen Interessen abgetreten werden sollte. Laut Tardieu sei die Region jedoch „belgisch", da sie früher zum Herzogtum Limburg gehört habe, außerdem habe er selbst bei einem Besuch vor dem Krieg den „belgischen Charakter" feststellen können. Die Bevölkerung sei nicht deutsch, sondern „flämisch" [sic], da die Tuchindustrie aus Flandern eingeführt worden sei, man spreche dort auch nicht Hochdeutsch, sondern ein Plattdeutsch, das dem Flämischen nah sei wie in Aubel oder Remersdael oder in dem Gebiet, das damals noch nicht Voeren hieß. Außerdem seien diejenigen, die ausschließlich Deutsch sprächen, alle importierte Beamte und Arbeiter oder das Resultat einer Germanisierung, und schließlich sei die Region bis 1814-1815 problemlos in französischer oder wallonischer Sprache verwaltet worden …[29] Die wirklichen Argumente Tardieus waren ihm jedoch vom *2e Bureau* eingegeben und vor der Kommission von einem französischen Offizier vorgestellt worden: man könne Deutschland nicht die Nutzung des Eisenbahnknotenpunktes und des Verschiebebahnhofs von Sourbrodt und des Truppenübungsplatzes Elsenborn oder sogar des gesamten Eifelplateaus lassen, da dort 1914 die Konzentration der Truppen stattgefunden habe, die den Schlieffen-Plan durchführen sollten.[30] Indem man das Gebiet Belgien übertrage, würden ihm mithin Sicherheitsgarantien zugestanden (dieses Argument war natürlich für die Briten bestimmt). Die belgischen Militärexperten wurden von den Franzosen regelrecht

---

[29] Dies war nun an den Haaren herbeigezogen, doch der amerikanische Delegierte Haskins fand diese Behauptung vertrauenswürdig, weil sie doch von Tardieu ausging! (Doepgen: Abtretung, S. 75)

[30] Zu dieser bis in die 1880er Jahre zurückreichenden Obsession des französischen Militärs s. Christophe Bechet: Les chemins de fer belgo-allemands et le camp d'Elsenborn (1887-1894), prémisses de la traversée du territoire belge ?, in: Guerres Mondiales et Conflits Contemporains, Nr. 241, Paris, Januar 2011, S. 13-31.

gebrieft (später auch noch von Marschall Foch), um die Bedeutung des Besitzes des Lagers zu würdigen, zudem waren die belgischen Offiziere angetan von der Möglichkeit, ihr neues Artilleriematerial auf Schießfeldern zu testen, die nicht so eng wie das Polygon von Brasschaat waren. Die eingegliederte Region stand dann auch zukünftig im Mittelpunkt der militärischen Anstrengungen Belgiens. Generalstabschef Maglinse entwarf einen Plan, den er im Februar 1921 in der Folge des französisch-belgischen Militärabkommens von 1920 dem französischen Militärattaché mitteilte: Die erste belgische Verteidigungslinie befand sich an der deutschen Grenze, in Ost und Nordost, um sich mit der französischen Stellung an der Our an der Spitze des Großherzogtums zu verbinden. Von den fünf von Belgien als Priorität behandelten Sektoren seien drei eng mit den Ostkantonen verbunden: der vor Verviers im Norden des Hohen Venns, der vor Malmedy im Süden des Venns und der westlich vor St. Vith.[31]

Den Amerikanern in der „Kommission für Belgische Angelegenheiten" erklärte man, dass die geforderte Region nur spärlich bevölkert sei. Es waren innenpolitische Beweggründe, die die belgische Delegation leiteten, so François Ganshof: *Incorporer le moins possible de populations allemandes, difficilement assimilables, et qui auraient pu, si elles avaient été réunies en grand nombre, constituer de dangereux éléments protestataires et causer au pays de graves difficultés en soulevant une question linguistique.*[32] Mit anderen Worten, Dankeschön, wir haben schon die Flamen ... Zu Beginn der Problematik hatte Hymans in einem Gespräch mit Foch versucht, diesen von der belgi-

[31] Lieutenant-Général Albert Crahay: L'Armée belge entre les deux guerres, Brüssel 1978, S. 73-74.

[32] Nach der Friedenskonferenz von François Ganshof auf Bitten von Paul Hymans verfasster Text (Note sur la préparation de la réunion à la Belgique d'Eupen et de Malmedy, Archives Générales du Royaume, Nachlass P. Hymans, Bd. 151), veröffentlicht in Hymans: Mémoires, Bd. I, S. 465.

schen These des „Durchbruchs" bei Maastricht zu überzeugen. Der Marschall habe ihm jedoch zu verstehen gegeben, dass die einzig befriedigende strategische Grenze für Frankreich wie auch für Belgien der Rhein sei. Der erschrockene Hymans hatte das ethnische Schreckgespenst an die Wand gemalt (*Je ne présume pas que vous songiez à incorporer à la France des millions d'Allemands; quant à nous, nous ne voulons pas introduire ces éléments dans notre communauté nationale*[33]). Anders formuliert: Belgien wollte dem französischen Generalstab gerne den Gefallen erweisen, die Territorien zu fordern, die Lüttich und Verviers schützten, wäre aber erfreut gewesen, wenn diese unbevölkert wären: Nicht der nach 1945 entstandene Idealismus des *Land ohne Grenzen*, sondern ein *Land ohne Grenzer*, das perfekte No-Man's-Land der Militärs.

Die Malmedyer Wallonen, die Minderheit in der Gesamtbevölkerung der Kreise, wurden jetzt zu dem Hauptargument, zum Schalthebel. Die Beibehaltung ihrer „kulturellen Partikularismen" vor 1914 rechtfertigte nunmehr die Tatsache, dass „mit dem Ausbruch des Krieges das Undenkbare plötzlich möglich wird".[34] Die Geschichte wurde neu geschrieben, der katholische Widerstand gegen den Kulturkampf wurde zu einem Kampf der Latinität gegen das Germanentum. Noch kurz zuvor hatten einige deutsche Vorkriegsautoren trotz einiger Kritik an einigen sich gegen die Berliner Regierung richtenden Aktivitäten des *Club Wallon* in Malmedy erklärt, nichts gegen das Überleben eines Dialektes zu haben, der für sie „germanischer Essenz" sei – wenn auch romanisiert oder französiert –, und sich

---

[33] Ebd., p. 351.

[34] Willequet: La Grande Belgique, S. 81.

nur gegen dessen Verschwinden zugunsten des Französischen gewandt.[35] Auch 1919 trat man Geschichte und Philologie mit Füßen, in die andere Richtung und mit einem bizarren Vokabular. So hieß es in einer halbamtlichen Darstellung zur wallonischen Literatur im Jahr 1930: *Au delà de la frontière, en Wallonie prussienne, les frères Florent et Octave Lebierre développent la conscience racique [...] Leur exemple sera suivi par l'abbé Pietkin et son neveu Henri Bragard, qui feront du wallon l'instrument de la résistance à l'emprise germanique.*[36] Es mag kurios anmuten, dass ein Teil der anti-belgischen Propaganda, die zur Zeit der Volksbefragung verbreitet wurde, in wallonischer Sprache abgefasst war:

> *J'a stu l'èfant do l'Grande Allemagne*
> *Duspos meie et des ans.*
> *Lo Belge pout preindre lu boès d'mes fagnes*
> *Mais mi jo d'meure Allemand !* [37]

Nach einer Blockade vor dem „Rat der Zehn" sah sich die belgische Sache „von allen Seiten bedroht". Paul Hymans bat schließlich den König, persönlich nach Paris zu kommen, um die Öffentlichkeit zu bewegen und sein persönliches Prestige in die Waagschale zu werfen. Nachdem er am 1. April mit dem

---

[35] Hans Nolte: Der wallonische Volksdichter Nicolas Defrecheux, Papenburg 1908, S. 9-10: „Vereinzelte preußisch-wallonische Stimmen erklären die deutsche Sprache für die schlimmste Feindin des Wallonischen [...] Wenn sie aufrichtige Wallonen und nicht vielmehr verkappte Franzosen wären, läge ihnen jede Beunruhigung fern, denn eine Behinderung im Gebrauche ihrer wallonischen Muttersprache wird von der preußischen Regierung nicht beabsichtigt. Diese hat sogar einen 1898 zu Malmedy gegründeten Club Wallon` genehmigt, obwohl er von seinen Mitgliedern Kenntnis des Französischen vorausbedingt. Sie vertritt nur, wie Reichskanzler Hohenlohe in einer Sitzung am 25. Mai 1897 betonte, den Grundsatz, dass niemand ausreichend seinen Bürgerpflichten zu genügen vermag, wenn er nicht die Sprache seiner Regierung versteht. Hiermit nimmt sie aber einen Standpunkt ein, dessen Berechtigung von keinem einsichtigen Wallonen geleugnet wird. Im Gegenteil! Die preußischen Wallonen haben die Notwendigkeit, Deutsch zu lernen, wiederholt öffentlich eingestanden [...] Nicht der deutschen, sondern der französischen Sprache hat das Wallonische all sein Unglück zu verdanken." Zum Kontext s. Christoph Brüll, Roland Blaise, Renée Boulengier-Sedyn, Jean Lechanteur: Hommage à Henri Bragard (1877-1944), Lüttich 2009.

[36] Charles Defrecheux: Histoire des Lettres Wallonnes, in: Encyclopédie Belge, Brüssel 1933, S. 626. Hervorhebung des Adjektivs durch den Verfasser.

[37] *Plainté do P'tit Pays Wallon* (1920), in: Martin R. Schärer: Deutsche Annexionspolitik im Westen. Die Wiedereingliederung Eupen-Malmedys im zweiten Weltkrieg, 2. Aufl., Bern/Frankfurt a.M. 1978, S. 336.

Flugzeug eingetroffen war, unternahm er zahlreiche Demarchen, um die Reparations- und Sicherheitsfragen voranzubringen, die von den „Großen" allzu locker behandelt wurden.

Hymans und Ganshof begaben sich ihrerseits persönlich zu Woodrow Wilson und breiteten auf dem Boden immense Karten aus, die sie ihm kniend erklärten.[38] Man stelle sich den Präsidenten der „Großen Republik", den Schiedsrichter des Friedens in der Welt und Theoretiker des Völkerrechts vor, wie er sich über den zerschnittenen Verlauf der Vennbahn beugte …, die sich entweder über ein deutsch verbliebenes oder ein für Belgien bestimmtes Gebiet schlängelte.

Darin lag nunmehr das neue Argument Tardieus und der belgischen Experten, um die Eingliederung eines Teils des Kreises Monschau zu fordern und eine Lücke nördlich von Elsenborn zu verhindern. Es gelang ihnen jedoch nicht, Amerikaner und Briten umzustimmen, die darin einen Widerspruch zu den allgemeinen Prinzipien des Friedensschlusses erkannten: „Sie erklärten, dass es mit den Grundlagen des Friedens nicht vereinbar sei, wegen einer Eisenbahn 4.500 Menschen ihre Staatsangehörigkeit wechseln zu lassen.."[39] Eine Sonderkommission wurde gegründet, um den exakten Grenzverlauf festzulegen …, was jahrelang Tinte und Schweiß fließen ließ. Im Laufe des Monats April setzte der Hohe Rat Hymans von der Kommissionsentscheidung in Kenntnis, Belgien die Kreise Eupen und Malmedy zuzusprechen, nicht jedoch die östlicher verlaufenden Gebiete bis und unter Einschluss der Vennbahn. Anstelle des von Wilson geforderten Plebiszits, um

---

[38] Hymans: Mémoires, S. 464-465.

[39] Doepgen: Abtretung, S. 72.

den Willen der Bevölkerung zu erfahren, beschränkte man sich auf ein simples Protestrecht.

Die amerikanischen Mitglieder der Kommission vermerkten hellsichtig, dass die belgischen Argumente, die letztlich zur Entscheidung bezüglich *ces districts qui étaient étroitement unis, à tous les points de vue avec la Belgique* [sic] vor allem militärischer (strategische Eisenbahnlinien, das Lager Elsenborn, das Aufmarschgebiet des Schlieffen-Plans) und wirtschaftlicher Natur gewesen waren. Sie wurden also abgetreten als „Reparation und zur strategischen Sicherheit", weil den belgischen Forderungen gegenüber Luxemburg und den Niederlanden nicht Genüge getan werden konnte. Sentimentale und sprachliche Argumente hatten fast keine Rolle gespielt. Die Amerikaner beschränkten sich darauf festzustellen, dass „einige Tausend Einwohner in diesen Regionen weiter Französisch sprechen" [sic].[40]

Der Versailler Vertrag enthielt schließlich einen Artikel 34, der den Verzicht Deutschlands auf seine „Ansprüche und Rechte" auf das gesamte Gebiet der Kreise Eupen und Malmedy festhielt. Der zweite Absatz war jedoch ungewöhnlich: er sah vor, dass die belgischen Behörden innerhalb von sechs Monaten nach dem Inkrafttreten des Vertrags in Eupen und Malmedy Register öffnen sollten, in die sich die Bewohner „schriftlich" eintragen konnten, um ihren Wunsch nach Verbleib des Gebietes oder eines Teils unter deutscher Hoheit kundzutun. Die belgische Regierung verpflichtete sich, das Ergebnis dieser „Volksbefragung" dem Völkerbund zu übermitteln und die endgültige Entscheidung dieses Organismus' zu akzeptieren, die im dritten Absatz festgelegt war.

---

[40] Haskins: Les nouvelles frontières, S. 46.

Belgien und die Ostkantone im Versailler Vertrag. Irredenta-Gebiet, militärische Pufferzone oder Trostpreis?

Diese Prozedur war sehr ungewöhnlich: es war keine wirkliche Volksabstimmung, wie sie der Versailler Vertrag für Oberschlesien oder in Schleswig-Holstein vorsah.

Die bizarre Formulierung des Artikels 34 ging auf die britischen und amerikanischen Diplomaten zurück. Einerseits übertrug er das Gebiet an Belgien, andererseits sah er eine eventuelle Rückübertragung an Deutschland vor, wenn die „Protestler" sich durchsetzten. Amerikaner und Briten konnten so darauf verweisen, das sakrosankte Prinzip der Selbstbestimmung der Völker respektiert zu haben. Man kann sich jedoch auch fragen, ob die belgische Seite, ähnlich wie bei der Abstimmung zur Königsfrage 1950, nicht davor zurückschreckte, ein wirkliches Referendum durchzuführen, das die Verfassung nicht erlaubte, noch dazu in einem Gebiet, das ihr der Vertrag im Prinzip zugesprochen hatte. Wie dem auch sei, man bewegte sich geradewegs auf die Polemik über *la petite farce belge* zu, genau wie auf die diversen Hindernisse und Schwierigkeiten, den Willen der Deutschland treu gebliebenen Bevölkerung zu respektieren. Tatsächlich überließ es der Vertrag Belgien, die Modalitäten der Befragung festzulegen, und der erste Absatz des Artikels 34 musste den Eindruck erwecken, dass die Würfel schon gefallen seien und mit einem möglichen Protest nichts zu gewinnen sei, eher im Gegenteil. Tardieu und die Mitglieder der „Kommission für Belgische Angelegenheiten", genau wie zivile und militärische Beobachter in Belgien, waren überzeugt, dass ein wirkliches Referendum mit einem Votum für Deutschland enden würde. Da laut Roger Collinet eine einfache Abtretung in den

Augen der Briten und Amerikaner unmöglich war, ließ man sich von einer Broschüre aus der Feder von Prosper Renard inspirieren. Sie war am 22. Februar 1919, also noch vor der Entstehung des Versailler Vertrags und sogar vor der ersten Sitzung der „Kommission für die Belgischen Angelegenheiten", entstanden: *Si l'on veut absolument un référendum, qu'on le fasse négatif, c'est-à-dire que l'on oblige à protester publiquement tous ceux qui s'opposent à la réintégration du pays dans la patrie belge. Le résultat ne se fera pas attendre, personne ne protestera.*[41]

Eine andere kuriose Bestimmung: der Völkerbund sollte die endgültige Entscheidung treffen, war jedoch zu keinem Zeitpunkt an der Befragung und ihrer Kontrolle beteiligt, sondern beschränkte sich auf die Resultate, die Belgien, Richter und Partei, ihm übermitteln sollte. Eine andere schwierige Frage war die nach der Staatsangehörigkeit der Einwohner, die durch die Ausweitung des Völkerrechts auf das Prinzip der „Ausweichklausel" aus dem Privatrecht gelöst wurde. Vereinfachend: die Artikel 36 und 37 des Vertrags legten fest, dass die deutschen Einwohner, die am 1. August 1914 in den Kreisen gelebt hatten, zu belgischen Staatsbürgern wurden, sobald der Völkerbund die Abtretung der Gebiete bestätigte. Die belgische Staatsangehörigkeit wurde also nicht erlangt, als die Belgier begannen, ihre Hoheitsrechte in dem Gebiet auszuüben, sie blieb in der Schwebe während der gesamten Dauer der Befragung. Artikel 37 präzisierte jedoch auch, dass die Einwohner während eines Zeitraums von zwei Jahren nach der endgültigen Abtretung an Belgien noch für die deutsche Staatsange-

---

[41] Prosper Renard: Malmédy irrédentiste, Lüttich 1919, S. 9 und Collinet: L'annexion, S. 44-45. Hervorhebung im Text.

hörigkeit optieren konnten. Diejenigen, die von dieser Möglichkeit keinen Gebrauch machten, wurden als Belgier seit dem 10. Januar 1920 betrachtet, und diejenigen die für Deutschland optierten, galten als niemals belgisch gewesen ...[42]

Das „Diktat" wurde Graf von Brockdorff-Rantzau am 7. Mai 1919 übergeben. Keine Diskussion war erlaubt und Deutschland verfügte über fünfzehn Tage, um schriftlich, nur in Englisch oder Französisch, eventuelle Anmerkungen zu formulieren. Am 13. Mai erhob Deutschland erstmals Protest gegen die Abtretung von Eupen, Malmedy und Moresnet: in den Augen der deutschen Delegation gab es keinen triftigen Grund, diese Gebiete nicht als deutsch zu betrachten. Zweiter Protest am 29. Mai: diese Gebiete hätten niemals zu Belgien gehört – das 1815 noch nicht existierte – und auch nicht zu einer Entität, als deren direkte Erbin Belgien sich betrachten könnte. Beide Proteste wurden am 16. Juni 1919 verworfen, wobei man sich auf die Thesen von Tardieu und Hymans stützte: Belgien besäße historische und *sprachliche* Verbindungen mit der Region und darüber hinaus stellten das Lager Elsenborn und die strategischen Eisenbahnlinien der Eifel für Belgien eine Bedrohung dar, die verschwinden müsse. In einem Punkt wurde Deutschland jedoch erhört: die Befragung sollte unter der Aufsicht des Völkerbunds durchgeführt und der Artikel 34 demgemäß verändert werden. Das *Central Committee on Territorial Questions* übernahm diese Änderung jedoch nicht, womit Deutschland schließlich am 28. Juni 1919 den Originaltext unterzeichnen musste.

---

[42] Zu diesen sehr komplizierten Punkten, die im Dezember 1919 direkt zwischen Belgien (vertreten durch Senator Alex Halot und Pierre Van Werveke) und Deutschland verhandelt wurden, s. ebd., S. 45-47 und die damalige juristische Fachliteratur (Joseph Nisot: La nationalité des habitants des cercles d'Eupen-Malmedy d'après le traité de Paix, in: Journal de Droit International, Bd. 48, Paris 1921, S. 833-840; Pierre Van Werveke: Une souveraineté sous condition résolutoire. Les cercles d'Eupen et de Malmedy, in: Revue de droit international et de législation comparée, Bd. 2, Paris 1920, S. 236-249 und ders.: Les conventions relatives à l'option comme conséquence du Traité de Versailles, in: ebd., Bd. IV, 1923, S. 108-120).

Schon in seinen kurz nach den Ereignissen entstandenen Erinnerungen wies der amerikanische Delegierte Haskins auf die zukünftigen Schwierigkeiten hin, die zwischen Belgien, der betroffenen Bevölkerung und Deutschland entstehen würden:

Les intérêts de la population furent vaguement protégés *par une clause invitant le Gouvernement belge à ouvrir des registres sur lesquels les protestataires pourraient consigner par écrit leurs réclamations. Cette disposition était prévue dans une première rédaction, mais, sur l'initiative des deux délégués américains, la Commission recommanda, le 7 juin, une modification d'après laquelle seule la Société des Nations et non le Gouvernement intéressé, serait compétente pour recevoir l'expression libre et secrète des désirs de la population. Malheureusement, ce changement ne fut pas incorporé dans la rédaction finale du traité. Le résultat fut une dispute dans laquelle l'Allemagne accuse les Belges de tenir les registres de manière à éviter des protestations en intimidant les protestataires. De son côté, la Belgique accuse le Gouvernement allemand d'essayer d'exercer une pression locale. Le Conseil de la Société des Nations auquel les Allemands en ont appelé a justement opposé son incompétence. Je ne possède pas de renseignements de première main sur la question, mais si l'on avait suivi la procédure recommandée à Paris par la Commission, les Allemands n'auraient pu élever leur protestation et le titre de la Belgique aurait échappé, à l'avenir, à toute espèce de contestation.*[43]

Uncle Sam is always right.

(Aus dem Französischen von Christoph Brüll)

[43] Haskins: Les nouvelles frontières, S. 46-47. Hervorhebung durch den Verfasser.

Idesbald Goddeeris

Die Pariser Vorortverträge, Osteuropa und eine belgische Verbindung nach Wilna

Versailles setzte dem Ersten Weltkrieg ein Ende und zeichnete neue Grenzen auf die Karte Europas. Belgien erhielt die Ostkantone, Frankreich gewann Elsass-Lothringen und Deutschland verlor seine Kolonien. So wurden uns die Konsequenzen des Ersten Weltkriegs zumindest in der Schule beigebracht und so sind sie im Gedächtnis der meisten Menschen haften geblieben. Dies ist jedoch eine vereinfachende und (west)-eurozentrische Sicht der Dinge. Die wichtigsten Grenzverschiebungen fanden in Osteuropa statt. Der Versailler Vertrag, in dem es um die deutschen Grenzen ging, war ja nur einer von fünf Verträgen, die in Pariser Vororten nach dem Ersten Weltkrieg geschlossen wurden. Ungarn war Gegenstand des Trianon-Vertrags, um Österreich ging es im Vertrag von Saint-Germain, um Bulgarien im Vertrag von Neuilly und das Osmanische Reich wurde im Vertrag von Sèvres behandelt. Darüber hinaus wurde nicht nur an den Konferenztischen über die Karte Europas entschieden, sondern auf vielen anderen Wegen.

In diesem Beitrag geht es um die Folgen des Ersten Weltkriegs in Mittel- und Osteuropa. Dabei konzentriere ich mich auf den nördlichen Teil. Zuerst soll analysiert werden, wie die Verhandlungen in Versailles die Karte der Region beeinflusst haben. Anschließend soll dargestellt werden, wie mit den verschiedenen Verhandlungsgegenständen des Versailler Vertrags letztendlich umgegangen wurde. Schließlich soll die Komplexität der Geschichte anhand eines Beispiels illustriert werden. Die Wilna-Frage: Hier war der belgische Politiker Paul Hymans beteiligt.

Versailles und Osteuropa

Ein kurzer Blick auf die Karte Mittel- und Osteuropas vor dem Ersten Weltkrieg zeigt drei große Reiche: Deutschland, Österreich und Russland. Es gab auch ein viertes, das Osmanische Reich, das jedoch durch territoriale Verluste während des 19. Jahrhunderts tief gesunken war. Der *réveil national* auf dem Balkan hatte dort neue unabhängige Staaten hervorgebracht, wie Griechenland (1830), Rumänien (1859), Serbien (1878), Bulgarien (1908) und Albanien (1912) [die Jahresangaben beziehen sich auf die Anerkennung der Unabhängigkeit, fast alle diese Staaten waren jedoch seit längerem autonom und breiteten in der Folge ihr Staatsgebiet aus]. Das Osmanische Reich blieb nach dem Krieg auf der Karte und war Gegenstand der Verträge von Sèvres (1920) und Lausanne (1923).

Vergleicht man die Karte von 1910 mit denjenigen der 1930er Jahre, fällt vor allem auf, wie das Habsburg-Reich nach dem Kriegsende verschwand. Sowohl Österreich, als auch Ungarn wurden zu kleinen Staaten, deren Grenzen im Laufe des 20. Jahrhunderts nicht mehr grundlegend verändert wurden. Der österreichische Teil der Doppelmonarchie trat seine südlichen Provinzen an Jugoslawien (Krain, Istrien und Teile

Die Pariser Vorortverträge, Osteuropa und eine belgische Verbindung nach Wilna

der Steiermark) und Italien (Südtirol) ab. Nördliche Gebiete gingen an die neuen slawischen Staaten Tschechoslowakei und Polen. Zudem wurde Österreich der Anschluss an Deutschland verboten. Österreich stimmte diesen Bestimmungen am 19. September 1919 durch seine Unterschrift unter den Vertrag von Saint-Germain zu.

Die Nachkriegsregelung für Ungarn, der Vertrag von Trianon, war noch traumatischer. Bis heute ist in Ungarn vom Diktatfrieden von Trianon die Rede. Es verlor 72 Prozent seines Staatsgebiets und 64 Prozent seiner Bevölkerung. Ein Drittel ethnischer Ungarn fand sich nunmehr in fremden Ländern wieder, vor allem in Rumänien (Transsylvanien), in der Tschechoslowakei (die Slowakei war während fast tausend Jahren ein Teil Ungarns gewesen, im Gegensatz zu Böhmen, das habsburgisch gewesen war) und in Jugoslawien (Kroatien, das seit 1102 ungarisch gewesen war, und Vojvodina). Ungarn hatte 1867 einen schweren Fehler begangen, als es den „Ausgleich" mit Österreich akzeptierte: die Realisierung seiner nationalistischen Ziele, indem es sich an die Seite des österreichischen Kaisers stellte, um sich dem Erwachen der übrigen osteuropäischen Nationen zu widersetzen. Nur der Führer der Aufstände von 1848/49, Lajos Kossuth, hatte in der Zeit des Nationalismus davor gewarnt, sich an die Seite des im Abstieg befindlichen multiethnischen Habsburgerreichs zu stellen. Kossuth behielt recht. Die Ungarn kämpften im Ersten Weltkrieg mit dem Dreibund Deutschland, Österreich, Italien und wurden in Versailles schwer bestraft. Die Wiederherstellung des Vorkriegszustandes bekam die höchste außenpolitische Priorität in der Zeit

Idesbald Goddeeris

---

zwischen den Weltkriegen in der „Monarchie ohne König", die bis 1944 von einem Reichsverweser, Miklos Horthy, dem „Admiral ohne See", geführt wurde. Er wurde zu einem der ersten Verbündeten Hitlers – die ungarische Tragödie sollte noch einige Jahrzehnte währen.

Die ungarische Geschichte des 20. Jahrhunderts steht in Konflikt mit derjenigen der anderen großen mitteleuropäischen Nation: Polen. Genau wie Ungarn war Polen im Mittelalter zu einem großen Reich geworden, das das heutige Litauen, Lettland, Weißrussland und die Ukraine umfasste. Es war jedoch nicht im Stande gewesen, sich im 18. Jahrhundert seinen aufstrebenden Nachbarn Russland, Preußen und Österreich zu widersetzen. In drei Teilungen wurde Polen schließlich zerstückelt. Im 19. Jahrhundert hatte Polen wiederholt versucht, seine Unabhängigkeit zurückzuerlangen, doch alle nationalen Erhebungen scheiterten. Erst im Ersten Weltkrieg wurden seine drei Besatzer besiegt – der Zar 1917, die Kaiser Österreichs und Deutschlands 1918. Es überrascht daher kaum, Polen an der Seite der ambitionierten jungen Nationen zu sehen. Schon in seinem 14-Punkte-Programm im Januar 1918 hatte Woodrow Wilson die Errichtung eines unabhängigen polnischen Staates erwähnt.

In Versailles schenkte man Polen jedoch nur wenig Aufmerksamkeit. Lediglich seine Grenze mit Deutschland wurde markiert. Im Norden erhielt Polen einen Korridor zur Ostsee, der Ostpreußen von Deutschland trennte. Danzig (Gdańsk) wurde zur halbautonomen Freien Stadt. Seine Sicherheit und sein Status sollten vom Völkerbund gewährleistet werden, der mit einem

Kommissar vertreten war. Ein gewählter Senat kümmerte sich um die inneren Angelegenheiten, während Polen für den Hafen, den Zoll und den Postdienst zuständig war. Im Westen wurde die Provinz Posen (Poznań) an Polen abgetreten. Tatsächlich kontrollierte Polen schon den größten Teil dieser Gebiete. Nach der Unabhängigkeitserklärung vom 11. November 1918 – der 11. November wird dort tatsächlich als Unabhängigkeitstag und nicht als Gedenktag begangen – erhoben sich die Polen in der Provinz Poznań gegen die Deutschen. Da Letztere zum Widerstand zu schwach waren, wurden die westlichen Provinzen Schlesiens durch diesen so genannten Posener Aufstand (26.12.1918-16.2.1919) dem polnischen Herzland zugefügt.

Neben der Festlegung der Nord- und der Westgrenze beschlossen die Verhandlungspartner in Versailles auch, dass Plebiszite über das Schicksal einiger anderer Territorien entscheiden sollten. Ein Referendum fand am 11. Juli 1920 im Ermland und den Masuren, den südlichen Territorien Ostpreußens, statt. Es stimmten jedoch nur wenige Menschen für einen Beitritt zur Zweiten Polnischen Republik, die somit nur eine sehr begrenze Zahl von Dörfern hinzugewann. In Oberschlesien war die Situation komplizierter. Da die dortige Wirtschaft wesentlich entwickelter war, waren hier mehr Interessen am Werk. Schon im August 1919 hatte es einen Schlesischen Aufstand gegeben, da die dortige polnische Bevölkerung sich dem Plebiszit widersetzte, das in Versailles festgelegt worden war. Die Deutschen konnten sie jedoch schnell zurückdrängen. Ein Jahr später kam es zum Zweiten Schlesischen Aufstand, nachdem sich Gerüchte verbreitet hatten, nach denen Deutschland ganz Schlesien eingliedern wollte. Wiederum dauerte es nur eine Woche bis zur Niederschlagung. Das Plebiszit fand schließlich am 20. März 1921 statt. Obwohl 65 Prozent der Bevölkerung polnisch war, stimmten nur 40 Prozent für einen Beitritt zu Polen. Es war festgelegt worden, dass jeder, der in Oberschlesien geboren und später fortgezogen war, ebenfalls mit abstimmen durfte. Somit hatten einige hunderttausend Deutsche ebenfalls am Plebiszit teilnehmen können. Die Polen reagierten mit dem Dritten Schlesischen Aufstand, der diesmal wesentlich besser vorbereitet war und von Warschau unterstützt wurde. Die Kämpfe dauerten über zwei Monate (2.5.-21.7.1921) und führten zu einer neuen, für Polen günstigeren Aufteilung.

Die Schlesischen Aufstände belegen, dass dem Versailler Vertrag nur eine Teilverantwortung für die Grenzziehung in Mittel- und Osteuropa zukam. Einige Streitpunkte wurden in Paris geregelt, viele andere Suppen mussten vor Ort ausgelöffelt werden.

Von Versailles nach Riga

Ein gutes Beispiel hierfür ist der Grenzkonflikt zwischen Polen und der Tschechoslowakei um die Industrieregion von Teschen (tsch.: Těšín; poln.: Cieszyn). Beide neuen Staaten erhoben Anspruch auf die Region. Im Januar 1919 eroberten tschechische Truppen die Stadt, auch weil sie davon profitierten, dass die polnischen Streitkräfte an anderen Fronten beschäftigt waren. Warschau protestierte: ein Drittel der Stadtbevölkerung waren Polen, wohingegen sich bei einer Zählung im Jahr 1910 nur 6 Prozent als Tschechen

Die Pariser Vorortverträge, Osteuropa und eine belgische Verbindung nach Wilna

ausgewiesen hatten (der Rest bestand aus Deutschen und Juden). Der Streitpunkt wurde schließlich im Juli 1920 auf einer Konferenz in Spa entschieden, auf der es eigentlich um die deutschen Schulden ging. Die Hälfte des Gebietes, mit den meisten Minen und Fabriken und einer polnischen Minderheit ging an die Tschechoslowakei. Dunkle Wolken waren über dem polnisch-tschechoslowakischen Verhältnis der Zwischenkriegszeit aufgezogen.

Noch mehr vernachlässigt wurde in Versailles die Lage weiter östlich. Dies kann nicht überraschen: der Krieg war dort noch in vollem Gange. Im November 1917 (Oktober nach dem Julianischen Kalender) hatten die Bolschewiki die Kontrolle über St. Petersburg und andere Städte und Industrieregionen im europäischen Russland erlangt. Im Januar 1918 lösten sie die Verfassungsgebende Versammlung gewaltsam auf, die die Provisorische Regierung eingesetzt hatte (diese hatte im Februar 1917 den Zar entthront). Im März 1918 unterzeichneten die Bolschewiki mit den Deutschen den Vertrag von Brest-Litowsk. Und im Sommer 1918 zogen sie in den Krieg gegen ihre Widersacher. Der Russische Bürgerkrieg sollte bis 1921 dauern und betraf ebenso die westlichen Alliierten. Es war daher unmöglich, relevante Nachkriegsregelungen in Versailles festzulegen.

Dieselbe Feststellung gilt für die Länder zwischen Russland und Polen. Nachdem es Deutschland-Österreich in einer Offensive von 1915 unterlegen war, hatte Russland Polen und das Baltikum (die heutigen Litauen und Lettland) verloren. Zwei Jahre später verlor Petrograd die Kontrolle über weitere Territorien als Konsequenz der Russischen Revolutionen. Im Juni 1917 erklärte ein Ukrainischer Zentralrat seine Autonomie in einer post-zaristischen Republik. Im Januar 1918, nach der Oktoberrevolution, ging er noch weiter und erklärte seine Unabhängigkeit. Die Bolschewiki nahmen jedoch im nächsten Monat Kiew ein und überließen es im März 1918 den Deutschen. In Brest-Litowsk waren sie bereit zu einem sehr unvorteilhaften Frieden, um Frieden um jeden Preis zu erlangen. Darüber hinaus erwarteten sie, dass die Weltrevolution bald auch nach Deutschland überschwappen und die imperialistischen Kriege als ein Relikt der Vergangenheit erscheinen lassen werde.

Das Ergebnis war die Besetzung des gesamten Baltikums, Weißrusslands und der Ukraine ab März 1918. In der Ukraine ersetzten sie die Ukrainische Nationale Republik durch eine neue Staatsordnung, das Hetmanat unter Pawlo Skoropadskyj. In Weißrussland zeigten sie sich mit der Gründung einer Weißrussischen Volksrepublik einverstanden. Im Baltikum behielten sie die Unabhängigkeit bei, die Estland und Litauen im Februar 1918 erklärt hatten.

Im November 1918 änderte sich die Lage erneut. Nach ihrer Niederlage im Ersten Weltkrieg zogen sich Deutschland und Österreich zurück und ließen die Region offen für neue Pläne. Lettland erklärte seine Unabhängigkeit am 18. November 1918. Die Ukrainische Nationale Republik wurde von Symon Petliura wiedererrichtet, sie war jedoch nicht der einzige ukrainische Staat. Aus den von Ukrainern bewohnten Habsburg-Territorien entstand die Westukrainische Nationale Republik. Dieses Land war wiederum ein Stachel im Fleisch der Polnischen Republik, die im selben Monat

Die Pariser Vorortverträge, Osteuropa und eine belgische Verbindung nach Wilna

entstanden war, ging jedoch im Januar 1919 in der Ukraine auf, was aber nicht verhinderte, dass sie schließlich im Polnisch-Ukrainischen Krieg, der im Juni 1919 endete, von den Polen erobert wurde.

Alle diese Entwicklungen waren vollständig von den Friedensverhandlungen in Paris isoliert. Der Hohe Rat übertrug Ostgalizien an Polen für die nächsten 25 Jahre und beschloss die anschließende Organisation eines Plebiszits. Die Verhandlungspartner hatten jedoch keinerlei Einfluss über die Ereignisse. Sie standen gegen den größten Spieler auf dem Feld: die russischen Bolschewiki. In den Jahren 1918 und 1919 hatte sich das Kriegsglück stetig gewendet. Die Bolschewiki hatten beispielsweise im Dezember 1918 fast ganz Lettland erobert, wurden jedoch im März 1919 von Letten und Deutschen zurückgedrängt. Gleichzeitig hatten sie im Februar 1919 die Litauisch-Weißrussische Sowjetrepublik gegründet, mussten diese jedoch im August 1919 auflösen, nachdem Polen Minsk und Wilna erobert hatte. Die Bolschewiki mussten zunächst in Russland selbst gegen die Weiße Armee kämpfen. Dabei waren sie jedoch in diesem Russischen Bürgerkrieg immer erfolgreicher und konnten sich auf eine Expansion nach Westen und den Export der Weltrevolution konzentrieren.

Der Marsch der Bolschewiki wurde durch die Polen im August 1920 in der Schlacht von Warschau gestoppt. Dieses Schlüsselereignis der Geschichte des 20. Jahrhunderts ist oft übersehen worden. Zu diesem Zeitpunkt hatten viele Beobachter Polen schon an Russland verloren geglaubt und den Marsch der Roten Armee auf Berlin zur Verbreitung der Revolution vorausgesehen.

Die Russen hatten ein Polnisches Revolutionskomitee gegründet und viele westliche Diplomaten verließen Warschau. Der polnische Befehlshaber Józef Piłsudski besiegte jedoch die Rote Armee in einer Schlacht, die man in Polen als „Wunder an der Weichsel" bezeichnet. Für einige Polen war ihr Sieg durch die Intervention der Hl. Jungfrau zustande gekommen, denn die Schlacht hatte am Mariä Himmelfahrtstag stattgefunden.

Die Schlacht von Warschau war die einzige Niederlage, für die sich die Rote Armee vor den 1980er Jahren nicht revanchierte. Die Polen brachen den letzten kommunistischen Widerstand im September 1920 in der Schlacht an der Memel und eroberten im folgenden Monat sogar Minsk. Beide Seiten traten in der lettischen Hauptstadt in Verhandlungen ein und schlossen im März 1921 den Vertrag von Riga. Sie verlegten die neue Grenze weiter östlich, als es der Vorschlag des britischen Außenministers Lord Curzon im Juli 1920 vorgesehen hatte. Das neue Polen umfasste somit weite Territorien mit nicht-polnischer Bevölkerung. Erst nach dem Zweiten Weltkrieg wurde die Curzon-Linie mit einigen kleinen Veränderungen zur Grenzlinie.

Nicht alle mitteleuropäischen Grenzen waren im Sommer 1921 festgelegt. Litauen kannte beispielsweise mehrere Anpassungen in den frühen 1920er Jahren. Nach seiner Unabhängigkeitserklärung im Februar 1918 wurde es zum Spielball seiner Nachbarn. Es wurde von den Deutschen, den Sowjets, den Polen und wieder von den Sowjets erobert, die schließlich im Juli 1920 seine Unabhängigkeit anerkannten, um seine Neutralität im polnisch-sowjetischen Krieg zu erreichen.

Die Pariser Vorortverträge, Osteuropa und eine belgische Verbindung nach Wilna

Die siegreichen Polen unterzeichneten im September 1920 das Suwałki-Abkommen mit den Litauern, das eine vorläufige Demarkationslinie zwischen den beiden Ländern einrichtete. Gleichzeitig planten die Polen jedoch eine Plünderung von Wilna durch den General Lucjan Żeligowski, da sie die Region gerne in die Zweite Republik eingliedern wollten, stammten doch sowohl der Nationaldichter Adam Mickiewicz und ihr neuer Held Józef Piłsudski von dort. Żeligowski nahm Wilna am 8. Oktober 1920 ein und rief dort einen neuen Staat aus, die Zentrallitauische Republik. Anfang 1922 wurden Wahlen zu einem neuen Parlament abgehalten, das sogleich die Eingliederung der kleinen Republik durch Polen vorschlug. Warschau akzeptierte selbstverständlich dieses Ersuchen.

Vor allem der mehrfache Verlust von Wilna, das ständig vom polnischen Nachbarn bedroht wurde, war für die Litauer traumatisch. Sie machten Kaunas zur neuen Hauptstadt. Während der gesamten Zeit zwischen den Weltkriegen gab es Spannungen in den Beziehungen zwischen Polen und Litauen, die vor den „Polnischen" Teilungen seit 1386 in einer dynastischen und seit 1569 in einer konstitutionellen Union zusammengefasst gewesen waren. Litauen revanchierte sich mit der Annexion von Memelland (dem Memel-Gebiet oder der Klaipeda-Region). Dieses Gebiet war ein Resultat des Versailler Vertrags und stand, wie die Saar oder Gdańsk, unter der Kontrolle des Völkerbunds, geriet jedoch als Mandatsgebiet unter französische Verwaltung. Im Jahr 1921 stimmten 75 Prozent für einen Freistaat und gegen die Vereinigung mit Litauen. Die Litauer zettelten jedoch im Januar 1923 eine Revolte an und besetzten die Region. Versailles geriet in Mitteleuropa schnell in Vergessenheit, zumal in den nördlichen Regionen, wo die Auflösung des Memellands nicht der erste Bruch des Vertrags gewesen war. Zur gleichen Zeit fand im Westen die Ruhrbesetzung statt.

Die belgische Verbindung nach Wilna

Belgien war an diesen Konflikten in verschiedener Weise beteiligt. Zuerst und hauptsächlich verfolgte es aus der Nähe die Ereignisse in Russland. Belgien hatte dort viele wirtschaftliche und finanzielle Interessen, da es vor dem Ersten Weltkrieg an seiner industriellen Entwicklung beteiligt gewesen war. Brüssel griff 1917 und 1918 jedoch nicht in die dortigen Ereignisse ein. Es vermied eine eindeutige Festlegung gegen eine neue Macht, um nicht seine künftigen Beziehungen mit der Partei aufs Spiel zu setzen, die später das Land regieren sollte. Mit der Zeit unterstützte es jedoch mehr und mehr die Sache der Weißen Armee in ihrem Kampf gegen die Bolschewiki. Letztere hatten schließlich die Kollektivierung der Industrie und die Enteignung des belgischen Besitzes in Russland angekündigt. Seit Ende 1919 leistete Belgien begrenzte militärische Unterstützung für die Armee des Generals Denikin, die die Roten im Süden des Landes bekämpfte. Zum einen lieferte Belgien russisches Militärmaterial zurück, das die Deutschen erobert hatten. Zum anderen erlaubte es die Rekrutierung von belgischen Freiwilligen für die Weißen Armeen. Dies konnte bekanntlich deren Niederlage und die Etablierung der Sowjetunion nicht verhindern. Tatsächlich sollte Belgien die kommunistische Herrschaft über Russland Anfang der 1930er Jahre anerkennen.

Die Pariser Vorortverträge, Osteuropa und eine belgische Verbindung nach Wilna

Belgien geriet ebenso in den Konflikt zwischen Polen und den Bolschewiki, nachdem Frankreich am 28. Juli 1920 die Erlaubnis angefragt hatte, Waffen und Militärmaterial für die polnische Armee durch Belgien zu transportieren und 60.000 Waffen von belgischen Herstellern zu kaufen, die demselben Zweck dienen sollten. Diese Anfrage sorgte für heftige Turbulenzen. Premierminister Léon Delacroix war bereit, die Augen zu verschließen, die Eisenbahnergewerkschaft meldete jedoch ihre Zweifel bezüglich des Inhalts der Wagons an und der sozialistische Justizminister sprach sich gegen deren Präsenz in Belgien aus. Zwei Züge wurden in Antwerpen festgehalten und ihr Transport ging erst nach einer Intervention des polnischen Botschafters weiter. Als während der Verschiffung jedoch eine Kiste zerbrach, traten die Hafenarbeiter in einen Streik. Anlässlich der Sitzung des Ministerrats vom 23. August 1920 schlug Außenminister Paul Hymans vor, die Sache so schnell wie möglich hinter sich zu bringen und die 60.000 Waffen an Frankreich zu verkaufen. Seine Kollegen wollten ihm dabei jedoch nicht folgen, woraufhin er am nächsten Tag seinen Rücktritt erklärte. Natürlich war die Angelegenheit der französischen Waffen für Polen nicht der einzige Grund für seinen Rücktritt, aber es war gleichwohl der Tropfen, der das Fass zum Überlaufen brachte. In den nächsten Tagen machte die Angelegenheit weiter Schlagzeilen und wurde in allen Medien des Landes ausgiebig diskutiert. Hymans' Nachfolger Henri Jaspar stimmte schließlich im November 1920 der Waffenlieferung zu.

Hymans blieb jedoch in die Region involviert. Weniger als einen Monat nach seinem Rücktritt wurde er am

16. September 1920 vom Völkerbund zum Berichterstatter für den polnisch-litauischen Konflikt bestimmt. Der Völkerbund beschäftigte sich damals schon seit mehr als einem Jahr mit diesem Streit. Drei Demarkationslinien zwischen Polen und Litauen waren 1919 gezogen worden. Die erste wurde in Versailles erarbeitet und am 18. Juni 1919 öffentlich gemacht. Sie führte zu Protest in Litauen, da Wilna Polen zugeschlagen wurde, aber auch in Polen gab es Widerstand, da man sich um strategische Positionen in Litauen sorgte, die für den erwarteten Krieg mit Russland wichtig waren. Aus diesem Grund griff Warschau schließlich Litauen an und eroberte rasch neue Gebiete. Nachdem die Alliierten diesen Angriff zunächst kritisiert hatten, verstummten ihre Kommentare nach einem Monat. Am 27. Juli schlugen sie eine zweite Demarkationslinie vor, die Foch-Linie, die die polnischen Eroberungen anerkannte. Die Briten fürchteten jedoch, dass eine solche Vernachlässigung der litauischen Interessen Kaunas in die Arme Russlands treiben würde. Um dies zu vermeiden, schlug Außenminister Lord Curzon am 8. Dezember 1919 eine dritte Demarkationslinie vor.

Man folgte dem Vorschlag Lord Curzons damals nicht. Nach dem Ende des Kriegs zwischen Polen und Sowjetrussland mit dem polnischen Sieg im August 1920 wurde die Angelegenheit wieder dringlich und es galt, eine neue polnisch-litauische Grenze zu ziehen. Litauen schlug vor, die existierenden militärischen Stellungen als Ausgangspunkt zu nehmen. Dies kam ihm gelegen, da der Rückzug der Russen Wilna am 25. August in seinen Händen belassen hatte. Die Polen wollten jedoch auf der Grundlage der Foch-Linie verhandeln. Am 28. August ließ es seinen Worten Taten folgen und zog in das Suwałki-Gebiet ein, das sowohl die Foch- als auch die Curzon-Linie ihm zusprachen, das jedoch von den Litauern im Juli 1920 erobert worden war. Gleichzeitig wandte sich der polnische Außenminister Eustachy Sapieha an den Völkerbund. In diesem Zusammenhang erfolgte die Ernennung von Paul Hymans und sollten am 16. September 1920 Verhandlungen beginnen.

Nach drei Tagen unterbreitete Hymans einen Vorschlag und rief beide Seiten dazu auf, die Curzon-Linie als Verhandlungsbasis zu akzeptieren. Polen ging darauf ein, während Litauen dies ablehnte und einen sofortigen Waffenstillstand forderte. Trotz alledem akzeptierte der Völkerbundsrat den Vorschlag von Hymans. Es schien, als ob er Erfolg haben könnte, auch weil die Russen zusicherten, die litauische Neutralität zu respektieren. Tatsächlich zwangen sie die Umstände, so zu handeln: zwischen dem 15. und dem 25. September fand die zweitgrößte Schlacht des polnisch-sowjetischen Krieges, die Schlacht an der Memel, statt. Nach ihrer Niederlage bei Warschau hatten sich die Russen in die Region nahe Grodno zurückgezogen, das heute im Nordwesten Weißrusslands liegt, wo sie versuchten, eine Verteidigungsstellung zu errichten. Sie wurden wiederum von den Polen besiegt. Diese gelangten bei ihrem Vormarsch auf litauisches Gebiet und stießen mit litauischen Divisionen zusammen. Polen beschuldigte Kaunas der Kollaboration mit den Bolschewiki. Sowohl die Litauer als auch der Völkerbund sahen in diesem Angriff jedoch eine Verletzung des Abkommens vom 19. September 1920.

Eine Woche später lud der polnische Außenminister seinen litauischen Gegenpart zu Gesprächen nach Suwałki ein. Die Verhandlungen begannen am 30. September und endeten am 7. Oktober mit einem Abkommen. Er sah einen Waffenstillstand zum 10. Oktober vor und legte eine neue Demarkationslinie fest, nach der Wilna wieder litauisch wurde. In der Rückschau beschleichen einen jedoch leise Zweifel an der Ehrlichkeit Polens. Wahrscheinlich wollte Warschau Zeit gewinnen oder von seinen wahren Zielen ablenken: dem Griff nach Wilna. Nur zwei Tage nach dem Ende der Gespräche von Suwałki zogen General Żeligowski und seine Truppen, wie erwähnt, plündernd in Wilna ein. Offiziell war dies eine spontane Auflehnung gegen das Abkommen, das von der polnischen Regierung in Warschau abgelehnt wurde. Józef Piłsudski distanzierte sich jedoch von dieser Handlung und bezeichnete die Soldaten als Rebellen. Seine Haltung lockerte sich jedoch mit der Zeit. Er traf Żeligowski 1921 und empfing ihn sehr herzlich bei seiner Rückkehr nach Warschau 1922. Vor seinem Tod im Jahr 1926 räumte Piłsudski ein, dass Żeligowski auf seinen Befehl und im Rahmen eines Plans gehandelt habe.

Die Alliierten im Westen hatten auf diese Ereignisse keine klare Antwort. Frankreich lehnte den Vorschlag Großbritanniens ab, die diplomatischen Beziehungen mit Polen abzubrechen. Die Angelegenheit kam wieder auf die Tagesordnung des Völkerbunds. Nach Konsultationen mit beiden Seiten schlug Hymans ein Referendum unter dessen Aufsicht vor. Keines der beiden Länder lehnte diesen Vorstoß ab, aber beide stellten Bedingungen. Polen weigerte sich, die Truppen

Żeligowskis zurückzuziehen, da alle Soldaten aus der Region stammten. Darüber hinaus wollte es das Referendum auf andere litauische Gebiete ausweiten, die von Polen bewohnt wurden. Im Gegensatz dazu forderten die Litauer den Rückzug Żeligowskis und wollten Wilna von dem Referendum ausnehmen. Litauen unterlag mit diesen Forderungen. Hymans ging über sie hinweg und entsandte eine internationale Kommission sowie eine internationale Militärmission. Nunmehr griff Moskau ein und erinnerte daran, dass die Region in seinem Abkommen mit Polen den Litauern zugesprochen worden war. Hymans wollte beide Seiten an den Tisch bringen und am 21. April 1921 begannen in Brüssel Verhandlungen zwischen Warschau und Kaunas um den Status von Wilna.

Zuerst hatte Hymans die Idee einer Föderation oder eines Militärbündnisses zwischen Polen und Litauen unterstützt, um die Bolschewiki einzudämmen. Dies stieß in Polen auf einigen Enthusiasmus: Piłsudski hatte immer schon von der Wiederherstellung eines Jagellonischen Polen geträumt, dessen Grenzen die von 1570 oder 1770 sein könnten. Polen wurde jedoch im Westen von den Nationaldemokraten vertreten, die für ein ethnisches Polen plädierten. Zudem lehnte Litauen die Idee aus Sorge vor einer polnischen Vorherrschaft ab.

Hymans legte einen zweiten Plan vor, der aus fünfzehn Punkten bestand. Er beinhaltete die gegenseitige Anerkennung von Unabhängigkeit und Souveränität, aber auch die Schaffung gemeinsamer Organismen, die zu einer engeren Zusammenarbeit zwischen beiden Ländern beitragen könnten. Ein Militärabkommen sollte zwei getrennte Armeen schaffen, die im Kriegsfall unter gemeinsamem Kommando kämpfen würden. Ein Wirtschaftsabkommen sollte den Freihandel zwischen beiden Ländern festschreiben. Eine Sonderkommission mit drei Vertretern jedes Landes sollte die Außenpolitik Polens und Litauens überwachen. Wilna erhielt einen neuen Status. Litauen sollte zu einer Föderation werden, die auf dem Schweizer Modell beruhte und aus zwei Kantonen bestehen sollte: Kaunas und Wilna.

Beide Länder waren dem Plan gegenüber sehr zurückhaltend. Für Polen ging er nicht weit genug, während Litauen ihn als Verletzung seiner Souveränität betrachtete. Zwar stimmten beide Seiten zu, den Plan als Verhandlungsgrundlage zu nutzen, in der Folge verhärteten sich jedoch die Positionen. Polen verlangte im Juni 1921, einen Vertreter Wilna' zu den Verhandlungen hinzuzuziehen. Als Hymans dies zurückwies, machte Warschau alle seine Ansprüche auf Wilna geltend. Litauen antwortete mit der Ablehnung des 15-Punkte-Plans.

Hymans lud beide Seiten am 25. August 1921 nach Genf ein, wo er am 3. September einen neuen Plan vorstellte. Wilna sollte zu einem autonomen Kanton innerhalb Litauens werden und von einer eigenen Regierung in enger Zusammenarbeit mit der Regierung in Kaunas verwaltet werden. Dieser Vorschlag duldete keine Veränderungen: er konnte nur angenommen oder abgelehnt werden. Litauen stimmte zu, vor allem weil es keine andere Wahl zu geben schien, wollte man Wilna zurück. Für Polen war der Plan jedoch unannehmbar. Es akzeptierte den 15-Punkte-Plan, verwarf jedoch den neuen Vorschlag.

Hymans war augenscheinlich gescheitert, verteidigte aber weiterhin seinen Plan. Der Völkerbund akzeptierte ihn und stimmte auch dem Beitritt Litauens zu. Der Widerstand gegen den Plan wuchs jedoch in beiden Ländern. Am 24. Dezember 1921 verwarf die litauische Regierung letztlich den Plan, woraufhin der Völkerbund am 12. Januar 1922 verkündete, dass der Plan von Hymans in beiden Ländern auf taube Ohren gestoßen sei. Vier Tage später organisierte Polen in Wilna Wahlen, um eine legale Vertretung für die Bestimmung der politischen Zukunft zu schaffen. Żeligowski übertrug die Macht einer zivilen Behörde, die eine Parlamentssitzung einberief, während der der Beitritt zur Polnischen Republik verkündet wurde. Es kann nicht wirklich überraschen, dass Warschau das Gesuch akzeptierte.

Alles in allem war Polen mit der Eroberung von Wilna erfolgreich gewesen. Dies lag nicht nur an seiner Größe und stärkeren militärischen Macht, sondern auch an der größeren Unterstützung im Westen. Vor allem Frankreich betrachtete es als einen Alliierten im Osten und als Puffer gegen die Sowjetunion. Litauen war hingegen vor und nach dem Sommer 1920 an Russlands Seite gewesen. Sowohl Kaunas als auch Moskau waren Polen gegenüber misstrauisch. Darüber hinaus wollte Moskau auch die Schaffung eines *cordon sanitaire* an seiner Westgrenze verhindern. Dies gelang: die Wilna-Frage belastete das Verhältnis zwischen Polen und Litauen während der gesamten Zeit zwischen den Weltkriegen.

Schluss

Die Wilna-Frage verkörpert die Beteiligung des Westens bei der Etablierung neuer mittel- und osteuropäischer Staaten in der Folge des Ersten Weltkriegs:

er hatte kaum Einfluss. Paul Hymans, der Berichterstatter des Völkerbunds, scheiterte bei der Lösungsfindung und der Völkerbund zog sich schließlich aus der Angelegenheit zurück. Dasselbe gilt für das größere Bild: die westlichen Alliierten in Versailles rührten kaum an die Ereignisse in Osteuropa. Sie zogen neue Grenzen für Deutschland, Österreich, Ungarn, Bulgarien und das Osmanische Reich, ließen aber vieles ungelöst und griffen nicht ein in die Schaffung der Grenzen zwischen den neuen Staaten, die als Konsequenz des Ersten Weltkriegs entstanden waren.

(Aus dem Englischen von Christoph Brüll)

Weiterführende Lektüre

- Robert Bideleux/Ian Jeffries: A history of Eastern Europe. Crisis and change, London/New York 1998.
- Rik Coolsaet: België en zijn buitenlandse politiek: 1830-2000, Leuven, 2001.
- Wim Coudenys: Leven voor de tsaar. Russische ballingen, samenzweerders en collaborateurs in België, Leuven 2004.
- Beatrice De Keyzer: België en de Litouwse onafhankelijkheid 1918-1923, Unveröffentlichte Masterarbeit (Betreuer: I. Goddeeris), K.U. Leuven 2005.
- Michel Dumoulin: La Belgique et la Pologne dans l'entre-deux-guerres. Contacts bilatéraux dans le contexte européen, in: Michel Dumoulin/Idesbald Goddeeris (Hg.): Intégration ou représentation? Les exilés polonais en Belgique et la construction européenne, Louvain-la-Neuve 2005, S. 31–52.

Die Pariser Vorortverträge, Osteuropa und eine belgische Verbindung nach Wilna

- Robert Fenaux: Paul Hymans, un homme, un temps 1865-1941, Bruxelles 1946.

- J. Gosset: L'évolution des relations belgo-soviétiques de 1917 à 1940, in: C. Franck/C. Roosens (Hg.): La politique extérieure de la Belgique, Louvain-la-Neuve 1990, S. 63-89.

- J. Hiden/P. Salmon: The Baltic Nations and Europe. Estonia, Latvia and Lithuania in the Twentieth Century, New York 1984.

- Zigmantas Kiaupa: The History of Lithuania, Vilnius 2004.

- István Lázár: Hungary. A Brief History, Budapest 1996.

- Jerzy Lukowski/Hubert Zawadzki: A Concise History of Poland, Cambridge 2001.

- P. Magocsi: Historical Atlas of Central Europe, Seattle 2002.

- Wim Peeters/Jérôme Wilson: L'industrie belge dans la Russie des tsars, Liège 1999.

- Anthony Read, The world on fire: 1919 and the battle with Bolshevism (New York : W.W. Norton, 2008).

- J. Rey: Paul Hymans, sa vie, sa pensée, son action, 1865-1941, o.O. 1965.

- Alfred Senn: The Great Powers, Lithuania, and the Vilnius Question, Leiden 1966.

- Timothy Snyder: The Reconstruction of Nations. Poland, Ukraine, Lithuania, and Belarus, 1569-1999, New Haven 2003.

- Louis Vos/Idesbald Goddeeris: Een geschiedenis van Polen. De strijd van de witte adelaar, Leuven 2011.

- Adam Zamoyski, Warsaw 1920: Lenin's failed conquest of Europe (London: Harper Press, 2008).

Freddy Cremer

Der 20. September 1920 in Geschichte und Erinnerung der deutschsprachigen Belgier

Am 20. September 1920 wurde – wie es in der Denkschrift zu Ehren des Hohen Königlichen Kommissars Baltia steht – vom Völkerbund in „Übereinstimmung mit den Ergebnissen der Volksabstimmung die Wiedervereinigung der Kantone Eupen, Malmedy und St.Vith mit ihrem alten Vaterlande bestätigt."[1]

Die Ostkantone waren in den Schoß der belgischen Familie zurückgekehrt, wie es in einem 1922 von der *Société Royale Touring Club de Belgique* veröffentlichten Wanderführer für das wiedergewonnene Belgien – *La Belgique récupérée* – hieß. Wörtlich steht in der Einleitung zu diesem 500 Seiten starken Werk: *'C'est là une oeuvre de haute portée patriotique en vue de nous attacher rapidement et intimement nos frères ...', me répondait, tout au début de septembre 1919, le Conseil d'Administration du Royal Touring Club, lorsque je lui offris d'écrire un Guide du Touriste dans les régions d'Eupen et de Malmedy. Oui c'était oeuvre patriotique, puisqu'il ne s'agissait pas seulement, suivant ma pensée, d'aider nos pédestrians et autres voyageurs de Belgique à circuler aisément et fructueusement dans le pays rédimé, et à en connaître et admirer les curiosités et les beautés; mais encore, par une fréquentation active des Belges de Belgique et des Nouveaux-Belges*

---

[1] Eupen-Malmedy und sein Gouverneur. Denkschrift herausgegeben bei Gelegenheit der zu Ehren des General-Leutnants Baltia am 28. Oktober 1923 veranstalteten Feier, Brüssel 1923, S. 9.

Freddy Cremer

d'Eupen et de Malmedy et de St-Vith, de s'assimiler, de se pénétrer, de se comprendre, de ne former et reformer, sans delai, et sans hiatus, qu'une seule famille.[2]

Wenn diese Lesart der Ereignisse stimmt, dann müsste der 20. September der bedeutendste Festtag der DG – der Deutschsprachigen Gemeinschaft Belgiens – sein. Ein Festtag, der in jedem Jahr mit großem Pomp, staatstragenden Reden, einem großen Volksfest und abschließendem Feuerwerk gefeiert würde.

Doch die Wirklichkeit ist prosaischer.

In der öffentlichen Wahrnehmung spielen der Versailler Vertrag, die so genannte Volksbefragung und der Völkerratsbeschluss vom 20. September 1920 überhaupt keine Rolle. Nur historisch Interessierte wissen um die Bedeutung und die Tragweite dieser Ereignisse.

Folglich keine jährlich wiederkehrenden ganzseitigen historischen Rückblicke in der Tageszeitung, keine Sondersendungen des Belgischen Rundfunks und keine Festtagsreden der Politiker an diesem Tage.

In den folgenden Ausführungen werde ich versuchen, am Beispiel der geschichtlichen Zäsur aus dem Jahre 1920 exemplarisch darzulegen, wie Klischees, Stereotype und ein nach dem Zweiten Weltkrieg staatlich verordnetes Geschichtscredo die kritische Auseinandersetzung mit der eigenen Vergangenheit über viele Jahrzehnte be- und verhinderten.

Es ist kein leichtes Unterfangen, diese Überlegungen in eine kurze Betrachtung zu drängen, denn es hat nach 1920 keine lineare oder geradlinige Entwicklung gegeben. Der Zäsur von 1920 folgten weitere: zuerst der im Mai 1940 vollzogene Anschluss an das Dritte

---

[2] Touring Club de Belgique. Société Royale (Hg.): En Belgique récupérée: promenades à pied dans les régions d'Eupen, Malmedy et St-Vith, Brüssel 1922, S. I.

Reich und nur vier Jahre später die erneute Angliederung an Belgien.

Und allen politischen Volten folgte die gleiche Rhetorik. Die Begriffe waren immer identisch, wurden aber mit anderen Inhalten gefüllt. Man sprach stets von *Schicksalsgemeinschaft,* von *Befreiung, Wiederangliederung, von wiedergefundenen Brüdern, von begangenem Unrecht* und von *Rückkehr zum angestammten Vaterland.* Kollaborateure wurden zu Widerstandskämpfern und umgekehrt.

Drei Staatenwechsel in nur einem Vierteljahrhundert gleichen wirklich einem politischen *Salto mortale*; und immer ohne Sicherheitsnetz für die betroffene Bevölkerung.

In meinen Ausführungen werde ich vornehmlich auf die Zeit nach dem Zweiten Weltkrieg eingehen. Ich kann aber die Zwischenkriegszeit nicht ganz außer Acht lassen, weil das Handeln der nach 1945 selbst ernannten Gewissenshüter und Treuhänder unserer Vergangenheit auf einer besonderen Lesart der Ereignisse der Zwischenkriegszeit gründet.

Unmittelbar nach der Befreiung vom NS-Regime sind in Ostbelgien Geschichtsstandards geschaffen worden, die eine hohe Halbwertzeit haben und manchmal beharrlich wie eine Restgröße bis in die Gegenwart fortwirken. Die Kolportage von ungesicherten historischen Fakten entsprang nach 1944 der politischen Absicht, die Geschichte im Sinne einer (ost)belgischen Lesart zu beugen, wodurch einer differenzierten Auseinandersetzung mit der eigenen Vergangenheit für viele Jahrzehnte der Boden entzogen wurde.

Freddy Cremer

Historisch nicht fundierte Anspielungen oder Parallelen zur Kriegs- und Zwischenkriegszeit wurden nach 1945 immer wieder zu Einschüchterungsgesten missbraucht, um den politisch Andersdenkenden zu diffamieren. „Instrumentalisierung" geschichtlicher Erfahrungen „zu gegenwärtigen Zwecken" nannte Martin Walser diese Art des Missbrauchs von Vergangenem in seiner Dankesrede zur Verleihung des Friedenspreises des Deutschen Buchhandels am 11. Oktober 1998 in der Frankfurter Paulskirche.

Ein Vierteljahrhundert Regionalgeschichte – von 1920 bis 1945 – wurde nach 1945 zur Chefsache erklärt. Geschichte wurde zur Verschlusssache, die nur zur vertraulichen Kenntnisnahme weitergereicht wurde.

Dass Geschichte auch in späteren Jahren ausgeklammert werden sollte, zeigte sich exemplarisch, als am 30. Juni 1980 im damaligen Rat der deutschen Kulturgemeinschaft (RdK) über den Namen der Gemeinschaft abgestimmt wurde. *Deutsche* oder *deutschsprachige* Gemeinschaft standen zur Disposition. Ein Sprecher der Mehrheit forderte die Ratsmitglieder auf, für den Begriff „deutschsprachige Gemeinschaft" zu stimmen, „um unserer Bevölkerung das Vergessen leichter zu machen."[3] Durch einen terminologischen Kunstgriff sollte eine Auseinandersetzung mit einer für das Selbstverständnis der Deutschsprachigen entscheidenden Phase der ostbelgischen Vergangenheit verhindert werden. Amnesie als politisch verordnete Therapie, um von der Bürde der Vergangenheit zu befreien!

Es ist ein kurioser Aspekt des Selbstverständnisses der Deutschsprachigen, dass sie zwar eifersüchtig

---

[3] Rat der deutschen Kulturgemeinschaft. Ausführliche Berichte. Sitzungsperiode 1979-1980, Plenarsitzung vom 30. Juni 1980, S. 396.

darüber wachen, als *deutschsprachige Belgier* bezeichnet zu werden, jedoch mehrheitlich ignorieren, seit wann das Gebiet zu diesem Staat gehört und unter welchen Bedingungen die Angliederung an Belgien erfolgte.

Schwer laste die Bürde der Vergangenheit auf den Schultern der deutschsprachigen Belgier, diagnostizierte 1980 der Journalist Armin Beck in einem viel beachteten Artikel der Zeitung *Die Welt*. Der Zweifel sitze tief: „Sind sie nun Deutsche oder Belgier, Deutschbelgier, deutschsprachige Belgier oder Belgier deutscher Abstammung? Die rund 65.000 Grenzbewohner unseres Nachbarstaates zwischen Aachen und Luxemburg, deren Väter, Groß- und Urgroßväter auch schon Deutsch sprachen, tun sich schwer mit Vergangenheit und Gegenwart."[4]

Wer solche Fragen stellt, rührt am Selbstverständnis und an der Identität der Bewohner unserer Gemeinschaft. Immer wieder wird hervorgehoben, dass man lediglich die Sprache mit dem deutschen Nachbarn gemeinsam habe, ansonsten fühle man sich als deutschsprachige Belgier. *Deutschsprachig* und nicht *deutsch*, das ist der Balanceakt ostbelgischen Selbstverständnisses, und jede noch so kleine Erschütterung droht das prekäre Gleichgewicht zu zerstören. Ostbelgische Identität steht auf dünnem Eis. Jeder, der von diesem Credo der Selbstpositionierung abwich, setzte sich dem Verdacht staatszersetzender Tendenzen aus. Mit Eifer wurde darüber gewacht, dass sich jeder der sprachlichen Reglementierung unterwarf. Sprachlicher Purismus als Reflex unzweideutiger und unbezweifelbarer Staatstreue!

---

[4] Die Welt, 12.08.1980.

Diese terminologische Differenzierung berührt die Essenz unseres Selbstverständnisses: Man spreche zwar Deutsch, wirklich innerlich verbunden fühle man sich nur der *Schicksalsgemeinschaft* Belgien.

Spätestens bei dem Begriff *Schicksalsgemeinschaft* sollte man innehalten und einen Blick in den historischen Rückspiegel werfen. Denn es ist eine nicht zu leugnende Tatsache, dass bei einer übergroßen Mehrheit die Angliederung an Belgien infolge des Versailler Vertrags auf vehemente Ablehnung stieß. Die Zwischenkriegszeit war maßgeblich geprägt durch den Wunsch einer raschen Rückkehr in das Vaterland Deutschland. Und der 10. Mai 1940 wurde mehrheitlich als ein Tag der Befreiung vom belgischen Joch gefeiert. Wie passt das alles zusammen?

Die große Unbekannte in der ostbelgischen Vergangenheit ist der 20. September 1920, als nach einer sogenannten Volksbefragung, die dem Anspruch des Selbstbestimmungsrechtes der Völker in keiner Weise gerecht wurde, das Gebiet durch den Völkerbundsrat Belgien zugesprochen wurde. Dies ist m.E. die einzige Fluchtpunktperspektive für das Verständnis ostbelgischer Geschichte im 20. Jahrhundert. Stimmt diese Annahme, dann muss die weit verbreite Unkenntnis dieser Zusammenhänge nachdenklich stimmen.

Bedenklich ist beispielsweise die Feststellung, dass einer Umfrage aus dem Jahre 1998 zufolge nur 37% der Abiturienten aus der DG wussten, dass unser Gebiet erst seit dem Ende des Ersten Weltkrieges zum belgischen Staat gehört.[5]

Es besteht gegenwärtig eine weit verbreitete Unwissenheit bei Jugendlichen – aber auch bei Erwachsenen –

---

[5] Carlo Lejeune/Andreas Fickers/Freddy Cremer: Jugend 98 in guter Gesellschaft? Meinungsbilder aus der Deutschsprachigen Gemeinschaft Belgiens, Büllingen 1998, S. 4.

sowohl über die geschichtlichen Zusammenhänge, die zum Staatswechsel von 1920 führten, als auch über die damalige Haltung der von diesem Staatenwechsel betroffenen Bevölkerung. Doch dies war nicht immer so. Ganz im Gegenteil.

Die gegenwärtig festzustellende Ignoranz über die Zusammenhänge der damaligen Ereignisse steht im krassen Gegensatz zur Zwischenkriegszeit, als die Volksbefragung zur Kardinalfrage in der politischen Diskussion wurde. Sie war der Kristallisationspunkt der gesamten revisionistischen Politik in den neubelgischen Gebieten. Die Volksbefragung, die ein eindeutiges Votum für Belgien zu sein schien, wurde zur Hypothek aller belgischen Integrationsbemühungen. An der Bereitschaft, eine zweite, echte Volksbefragung zu organisieren, wurden alle Bemühungen der belgischen Behörden gemessen. Diese wiederum beriefen sich darauf, alle Bestimmungen des in Artikel 34 festgeschriebenen Verfahrens zur Durchführung der Volksbefragung eingehalten zu haben.

In der bereits erwähnten Denkschrift zu Ehren des General-Leutnants Baltia wird die Behauptung aufgestellt, der Vertrag von Versailles habe Belgien – wie es damals hieß – die Kantone Eupen, Malmedy und St.Vith wiedergegeben und somit „das vom Wiener Kongress begangene Unrecht wiedergutgemacht, und zahlreiche Anzeichen beweisen schon jetzt, dass die Wiedervereinigung mit dem Lande, zu dem sie geschichtlich gehörten, ihnen bald eine neue Zeit des Gedeihens und der Wohlfahrt bringen wird."[6] Diese offizielle Darstellung der Ereignisse stieß damals in der breiten Bevölkerung auf tiefes Unverständnis und auf

---

[6] Eupen-Malmedy und sein Gouverneur, S. 31.

breite Ablehnung. Der Widerstand gegen die Art der Volksbefragung und gegen den auf dieser Befragung beruhenden Beschluss des Völkerbundes formierte sich bereits zur Baltia-Zeit und dauerte an bis zum 10. Mai 1940. Die Volksbefragung wurde zum politischen Dauerbrenner. Wichtig ist der Hinweis, dass lange vor der Machtübernahme der NSDAP im Januar 1933 und lange vor der Gründung der Heimattreuen Front (HF) sich sowohl Menschen aus den neubelgischen Gebieten als auch hochrangige Persönlichkeiten aus dem Landesinnern um eine Revision des Versailler Vertrages oder doch zumindest um eine Neuauflage eines gerecht durchgeführten Referendums bemühten.

Es ist unmöglich, an dieser Stelle alle Initiativen aufzulisten. Beispielhaft sei nur das Engagement von Marc Somerhausen erwähnt, der 1925 erstmals auf der Liste der Belgischen Arbeiterpartei im Bezirk Verviers kandidierte. Er forderte am 15. März 1927 in einer parlamentarischen Anfrage an Premierminister Henri Jaspar eine Wiederholung der Volksbefragung von 1920. Hauptargument seiner Interpellation war, dass das Selbstbestimmungsrecht der Einwohner von Eupen-Malmedy nicht gewahrt wurde. „Ein derartiges System, das auch von Diktatoren angewandt wird, muss verurteilt werden. Das ist das System der öffentlichen Abstimmung, das die Bolschewisten in Russland und die weißen Terroristen in Ungarn anwenden. Kein Demokrat kann ein solches Verfahren billigen; die Wahlergebnisse müssen folglich als wertlos betrachtet werden."[7]

Nach der Machtübernahme der NSDAP in Deutschland im Jahre 1933 und nach der Gründung der *Heimattreuen Front* im Jahre 1936 verschärfte sich in

---

[7] Annales Parlementaires Belges, Chambre des Représentants; Sitzungsperiode 1926-1927, Sitzung vom 15. März 1927, S. 980 (übersetzt vom Autor).

den neubelgischen Gebieten die politische Auseinandersetzung. Die undemokratischen Rahmenbedingungen des 1920 erfolgten Anschlusses an Belgien lieferten der HF die stärkste Argumentation im Kampf gegen alle Integrationsbemühungen des belgischen Staates.

Wenige Monate vor den Parlamentswahlen vom 2. April 1939 veröffentlichte die Gesamtleitung der HF *Richtlinien für die Wahlredner der Heimattreuen Front*. Ein Schwerpunkt dieser Argumentationshilfe für die Kandidaten der Heimattreuen Front war die Kritik an der Volksbefragung:

„Was ist von der sogenannten Volksbefragung von 1920 zu halten?

Der englische Journalist Gedye (The Revolver Republic) bezeichnet sie als einen 'Lippendienst' an das Selbstbestimmungsrecht. Man habe den Einwohnern 'gnädigst' gestattet, im Gendarmerie-Hauptquartier ihre Bemerkungen zu machen. Die Abstimmungslisten nannte er 'schwarze Listen'.

Louis Piérard, sozialistischer Abgeordneter für Charleroi, schrieb damals im *Soir*:

'Wer sich in die Listen einträgt, setzt sich selber auf die Liste der unerwünschten Personen'.

Emile Vandervelde bestätigte noch in seinen kürzlich erschienen Erinnerungen, dass die Volksbefragung von 1920 nicht 'ernsthaft' gewesen sei.

'Manchester Guardian' (engl. Zeitung) vom 18. Mai 1920:

Die geringe Zahl der Protestierenden stellt nicht die Zahl derer dar, die deutsch bleiben wollten. Sie zeigt vielmehr, bis zu welch schreckenerregendem Grad die

Bevölkerung in Angst gejagt und eingeschüchtert worden ist'.

Algemeen Handelsblad, Amsterdam, 6. Juni 1920:

Von einer Erfüllung des Friedensvertrags kann in Eupen-Malmedy keine Rede sein.

Die Frage, ob die Eupener-Malmedyer 1919/1920 belgisch werden wollten (wie man behauptet hat), erledigt sich mit diesen Zeugnissen; übrigens gibt es heute auch in Belgien keinen vernünftigen Menschen, der diese lächerliche Behauptung noch aufrecht erhält.

Warum muss zuweilen an diese Dinge erinnert werden? Weil sie den Ausgangspunkt der Frage Eupen-Malmedy bildeten."[8]

45,2 % der Wähler aus den Kantonen Eupen, Malmedy und St.Vith stimmten am 2. April 1939 bei den Kammerwahlen für Kandidaten der HF.

Nur ein Jahr später und noch vor der Kapitulation Belgiens erfolgte durch „Erlass des Führers und Reichskanzlers" vom 18. Mai 1940 die „Wiedervereinigung der Gebiete von Eupen, Malmedy und Moresnet mit dem Deutschen Reich. Die durch das Versailler Diktat vom Deutschen Reich abgetrennten und Belgien einverleibten Gebiete sind wieder in deutschem Besitz. Innerlich sind sie Deutschland stets verbunden geblieben. Sie sollen daher auch nicht vorübergehend als besetztes Feindesland angesehen und behandelt werden."[9]

Begriffe wurden mit neuen Inhalten gefüllt. Diejenigen, die in der Zeit von 1920 bis 1940 für eine Revision des Versailler Vertrags eintraten, wurden von den NS-Instanzen als heldenhafte Widerstandskämpfer dargestellt. Diejenigen, die sich in der Zwischenkriegszeit

[8] Richtlinien für die Wahlredner der Heimattreuen Front. Wahlkampf 1939 [Centre d'Études et de Documentation Guerre et Sociétés Contemporaines (CEGES), Brüssel, AA1192, 3].

[9] Reichsgesetzblatt, Teil I, 20. Mai 1940, Nr. 87, S. 777.

an den Integrationsbemühungen des belgischen Staates beteiligten, wurden nach 1940 als Kollaborateure verfolgt und als Verräter an der Volksgemeinschaft gebrandmarkt.

Alles wurde auf den Kopf gestellt. 1920 wurden die Ostbelgier – so die belgische Lesart – vom preußischen Joch befreit; 1940 – nach deutscher Lesart – von der belgischen Gewaltherrschaft.

Nur vier Jahre später – im September 1944 – erfolgte die nächste Befreiung. Wieder war alles spiegelverkehrt.

Hier ist nicht der Ort für eine umfassende Darstellung der in den Ostkantonen nach 1944 durchgeführten Säuberungsmaßnahmen. Ich untersuche lediglich, wie die Vergangenheit – und besonders die Ereignisse von 1919-1920 – umgedeutet wurden und welches die Langzeitfolgen dieser Neuinterpretation waren.

Die im Kontext der Säuberung verordneten Sprachinhalte – so wurde beispielsweise vorgeschrieben, wie fortan die Begriffe *Befreiung, Kollaboration, Widerstand, und Patriotismus* zu verstehen seien – und die bei Strafandrohung aus der öffentlichen Diskussion verbannten Themen hatten den Effekt, man habe auf die Löschtaste des kollektiven Gedächtnisses gedrückt.

Es war der staatliche Versuch, Vergangenheit zu verdrängen, Erinnerung zu löschen und ein vorgezeichnetes Geschichtsbild zu oktroyieren. So gab es in der unmittelbaren Nachkriegszeit nur eine einzige staatlich verordnete und autorisierte Lesart der Vergangenheit. Jede differenzierte Interpretation der Ereignisse sah sich ipso facto dem Vorwurf ausgesetzt, dem Revisionismus zu neuen Ehren zu verhelfen. Neben dieser

Freddy Cremer

Flurbereinigung der historischen Betrachtung wurde zeitgleich „belgisch denken und belgisch fühlen"[10] zur verpflichtenden Maxime. Von den Deutschsprachigen wurde nach 1945 ein vorauseilender Gehorsam gefordert. Diese Haltung sollte Langzeitwirkung haben.

In der Soziologie verwendet man zur Kennzeichnung dieses Phänomens den Begriff Residuum, in der Bedeutung von Rest, Rückstand oder das Zurückgebliebene. Ein *Residuum* ist eine weiter wirkende Restgröße.

Auch als die harten Säuberungsmaßnahmen längst der Vergangenheit angehörten und Flamen und Wallonen sich einen erbitterten politischen Schlagabtausch hinsichtlich der Gestaltung des zukünftigen Föderalstaates lieferten, wurden selbst bescheidene Forderungen einer zukünftigen Kulturautonomie für die Deutschsprachigen von hiesigen Politikern erst nach devoten Loyalitätsbekundungen an den belgischen Staat zaghaft bei den Brüsseler Regierungsinstanzen vorgebracht.

An einigen Beispielen möchte ich zeigen, wie nach der Befreiung vom NS-Regime Geschichtsdogmen geschaffen wurden. Wer an dieser historischen Orthodoxie zweifelte, wurde als politischer Ketzer abgestempelt.

Erstes Beispiel: Der 20. September 1920 mutierte zum Tag der Befreiung.

Ein markantes Beispiel historischer Neuinterpretation lieferte Hugo Zimmermann, Amtsbürgermeister von Eupen, bereits in der ersten Nachkriegsausgabe des „Grenz-Echo" vom 24. März 1945. Gleich im ersten

---

[10] Rede von Bürgermeister Hugo Zimmermann anlässlich des Besuches des Ministers für zivile Kriegsopfer, Pauwels, in Eupen. Grenz-Echo. Informationsblatt für die Kantone Eupen, Malmedy, St.Vith, Nr. 5, 07.04.1945.

Satz seiner historischen Betrachtung mit dem bezeichnenden Titel *Rückschau und Ausblick* stellte er fest: „Jener 20. September 1920 war ein bedeutender Tag und bleibt ein großer Tag in der Eupener Geschichte: Die endgültige Heimkehr zu Belgien."[11]

Er übernahm die Rhetorik offizieller Stellen von 1920 und erklärte die Annexion von 1920 a posteriori – allen historischen Fakten Hohn sprechend – zur lang ersehnten Befreiung. Der von einer breiten Bevölkerung getragene Irredentismus der 1920er und 1930er Jahre wurde zum tragischen Irrtum einiger fehlgeleiteter Volksverhetzer und Aufwiegler minimiert.

Noch anlässlich des 50. Jahrestages des Versailler Vertrags sprach Pierre Clerdent, Gouverneur der Provinz Lüttich von 1953 bis 1971, von der *goldenen Hochzeit* zwischen der Provinz Lüttich und dem Gebiet von Eupen-Malmedy-St.Vith. „Dieser Jahrestag des Versailler Vertrages gewinnt für unsere gesamte Provinz einen besonderen Sinn und findet in den Herzen unserer Bevölkerung einen tiefen Nachklang: In der Tat werden es bald fünfzig Jahre her sein, dass die Ostkantone nach einer hundertjährigen preußischen Verwaltung zum Landesgebiet zurückgekehrt sind. Im Jahre 1970 wird die goldene Hochzeit zwischen der Provinz Lüttich und diesem Gebiete von Eupen-Malmedy-Sankt-Vith gefeiert, welches integraler Bestandteil der Provinz ist."[12]

Die belgische Tageszeitung *La Libre Belgique* widmete dem Thema *Les cantons de l'Est 50 ans après Versailles* im April 1970 eine Sonderausgabe. Auch hier findet sich keine geschichtlich korrekte Darstellung der Ereignisse. Der 20. September wird als der Tag der

---

[11] Grenz-Echo. Informationsblatt für die Kantone Eupen, Malmedy, St.Vith, Nr.1, 24.03.1945, S.1.

[12] Pierre Clerdent: Die Ostkantone. Eröffnungsrede gehalten durch Herrn Pierre Clerdent, Gouverneur der Provinz Lüttich, am 1. Oktober 1969, Lüttich 1969, S. 3-4.

Freddy Cremer

glücklichen Heimkehr zum belgischen Vaterland dargestellt.[13]

Zweites Beispiel: Die Wahlen von 1939 werden zum Ersatz für die Volksbefragung von 1920.

Unmittelbar nach der Befreiung vom NS-Regime wurde die Meinung propagiert, noch vor der Annexion habe sich eine Mehrheit der Eupen-Malmedyer für Belgien entschieden. Belegt wird diese Behauptung mit der Feststellung, dass die Heimattreue Front bei den Wahlen vom 2. April 1939 nur 45,2% der Stimmen erlangte. Die Resultate der Wahlen wurden in der unmittelbaren Nachkriegszeit zum Plebiszit und zum Ersatz für die manipulierte Volksbefragung von 1920 interpretiert.

Die Lesart, die Wahlen von 1939 zum Surrogat für die Volksbefragung von 1920 zu machen, hält sich bis heute. Es soll suggeriert werden, dass die Hinwendung zum belgischen Staat nicht nur durch die schmerzlichen Erfahrungen der Nazi-Diktatur bedingt oder das Resultat eines verordneten Patriotismus im Zuge der Säuberungsmaßnahmen war. Belgien habe schon vor 1940 eine Mehrheit der Neubelgier aus eigener Kraft und Überzeugung für sich gewinnen können.

Drittes Beispiel: Die preußische Vergangenheit – ein verlorenes Jahrhundert für Ostbelgien

Zur Förderung einer belgisch-nationalen Erziehung wird die 105-jährige Zugehörigkeit zum Königreich Preußen und zum Deutschen Reich neu interpretiert.

Auch diese Lesart der Vergangenheit war nicht neu. Schon in der Denkschrift zu Ehren des General-Leut-

---

[13] Les cantons de l'Est 50 ans après Versailles. La Libre Belgique. Édition spéciale. Extrait du journal du 29 avril 1970.

nants Baltia wurde in 20 Zeilen die einhundertjährige ostbelgische Zugehörigkeit zum Königreich Preußen und ab 1871 zum Deutschen Reich als *dark age* und als missliebiges Intermezzo dargestellt. „Die Einverleibung in Preußen wurde ohne Begeisterung von der Bevölkerung aufgenommen; diese verwahrte sich in sehr scharfer Weise gegen die preußische Gerichtsorganisation. Die preußische Verwaltung war auf lange Jahre hinaus der Grund des wirtschaftlichen Ruins des Landstrichs. [...] Was auf dem Gebiete der Geschichte und Heimatkunde unternommen wurde, fand sehr wenig Ermutigung und Unterstützung. Preußen versuchte sogar, Eupen seine alten Rechte zu nehmen."[14] Pierre Clerdent erinnerte 1969 daran, „dass die Geschichte der Ostkantone belgisch ist. Wenn man von einem Wiederfinden sprechen konnte, dann ist dies um so mehr berechtigt, weil die preußische Zeit schließlich wie eine hundertjährige Abwesenheit in einer zweitausend Jahre gemeinsamen Geschichte erscheint."[15]

Viertes Beispiel: Sprach- und Kulturpolitik im Dienste einer vollständigen Assimilation

In den Ostkantonen erfolgte nach der Befreiung vom NS-Regime die Gleichstellung zwischen *deutsch* und *nationalsozialistisch*. Sprache wurde zum Bekenntnis. Wer sich der französischen Sprache bediente, bewies damit gleichzeitig seine staatspolitische Einstellung. Ein guter Belgier sprach Französisch. Französisch wurde zum Synonym für Vaterlandsliebe und das Erlernen der französischen Sprache zur conditio sine qua non der Integration in den belgischen Staat.

[14] Eupen-Malmedy und sein Gouverneur, S. 31.

[15] Clerdent: Die Ostkantone, S. 5.

Freddy Cremer

Fünftes Beispiel: Die Ostkantone als Teil der belgischen Schicksalsgemeinschaft

Eine wichtige Konstante des nach 1945 propagierten Selbstverständnisses ist die Qualifizierung der Ostkantone als einer fest mit Belgien verbundenen *Schicksalsgemeinschaft*. Am 10. Mai 1949 – auf den Tag genau neun Jahre nach dem Überfall der Wehrmacht auf Belgien – vertrat das „Grenz-Echo" die Meinung, dass die furchtbaren Opfer nicht vergebens gewesen seien, wenn sie nur dazu beigetragen haben, der „jetzigen und der kommenden Generation endgültig zu zeigen, wo das Schicksal sie hingestellt hat, wenn nie mehr von einer sagenhaften Heimkehr in ein ideenfremdes Vaterland die Rede ist [...]."[16]

Pierre Clerdent stellte 1969 in seiner Eröffnungsrede vor dem Plenum des Provinzialrates die Behauptung auf, dass jeder, der die Geschichtsdokumente unvoreingenommen analysiere, darin die „unumstößliche Bestätigung einer Schicksalsgemeinschaft, die die Gebiete von Eupen, Malmedy und Sankt-Vith mit dem Leben unserer Provinz zusammenschweißt,"[17] findet.

Was bedeutet *Schicksalsgemeinschaft*? Meint man damit, dass die Bevölkerung der Ostkantone in der Vergangenheit dieselben großen Prüfungen wie die Bevölkerung aus den anderen Landesteilen Belgiens bestanden hat? Oder sind gar eine ominöse Macht, ein Weltgeist oder eine Weltordnung gemeint, die die Ostkantone an das belgische Gebiet schweißen?

[16] Grenz-Echo, 10.05.1949.

[17] Clerdent: Die Ostkantone, S. 5.

Identitätsdebatte und Erinnerungskultur in der Deutschsprachigen Gemeinschaft

Es ist fraglich, ob es in der Deutschsprachigen Gemeinschaft eine belastbare kollektive Identität gibt. Doch was ist überhaupt Identität?

Identität bedeutet nicht *die* monolithische Identität. Identität ist weder Dogma noch Schablone oder Etikett. Diese Form der statischen Identität muss zwangsläufig in Introvertiertheit oder in politischen Autismus münden. Identität ist immer nur Identitätssuche. Dabei kann die kritische, mündige Auseinandersetzung mit der eigenen Geschichte einen bedeutenden Beitrag leisten. Es fehlte bislang oft der Mut zur eigenen Geschichte.

Erschwert, wenn nicht gar unmöglich gemacht, wurde diese Auseinandersetzung aufgrund der eben kurz geschilderten Entwicklung in der Nachkriegszeit. Es mangelte über viele Jahrzehnte an einer echten politischen Streitkultur. Es fehlte der die Identitätssuche fördernde gesellschaftliche Dialog. Es fehlte eine von Sachkenntnis getragene Dialogbereitschaft.

Der eigenen Vergangenheit den gebührenden Platz im Geschichtsunterricht einräumen und die Schaffung von authentischen Erinnerungsorten sind nur zwei Maßnahmen, die zur Schaffung eines Identitätsbewusstseins beitragen könnten.

Die Schule – und besonders der Geschichtsunterricht – sind gefordert, denn 1998 gaben nur 13% der Abiturienten an, durch die Schule über die jüngere Regionalgeschichte sehr gut informiert zu sein; 36% monierten, ungenügend oder gar nicht informiert zu werden.[18]

Hier bleibt nur zu hoffen, dass der im Juni 2007 verabschiedete Lehrplan für Geschichte für die Primar-

---

[18] Lejeune/ Fickers/ Cremer: Jugend 98, S. 4.

schule und für die erste Stufe der Sekundarschule – die Rahmenpläne für die 2. und 3. Stufe sind in Vorbereitung – Abhilfe schaffen wird. Als oberstes Ziel dieses Rahmenplans wird der Aufbau eines reflektierten Geschichtsbewusstseins angegeben. Diese Form des Geschichtsbewusstseins berücksichtigt mehr als in der Vergangenheit die Regional- und Lokalgeschichte und fördert dadurch ein „regionales Geschichtsbewusstsein und eine kulturelle Identität."[19] Ob diese Ziele erreicht werden, muss gegebenenfalls eine erneute Umfrage bei Abiturienten nach der endgültigen Implementierung dieses Rahmenplans ergeben.

Allerdings muss auch vor überzogenen Erwartungen gewarnt werden. Noch so gute Rahmenpläne bieten keine Garantie für ein nachhaltiges Identitätsbewusstsein. Der Geschichtsunterricht ist nicht als direktes Erziehungsmittel zu sehen und man kann ihn nicht vordringlich dienstbar machen, um bei den Schülern ein fundiertes und belastbares Identitätsbewusstsein zu schaffen.

Diese Form des Identitätsdopings in Form einer curricularen Rosskur würde mit Sicherheit ihr Ziel verfehlen.

Auch wenn mir bewusst ist, dass man Erinnerung nicht dekretieren kann, glaube ich dennoch, dass auch in der jüngeren Vergangenheit Chancen vertan wurden, um dem seit 1945 inszenierten monolithischen und verzerrenden Geschichtsbild entgegenzuwirken und das Fundament einer offenen Streitkultur zu legen.

Der Tag der Deutschsprachigen Gemeinschaft, der bekanntlich am 15. November gefeiert wird, ist dafür ein beredtes Beispiel.

---

[19] Ministerium der Deutschsprachigen Gemeinschaft Belgiens. Abteilung Unterricht und Ausbildung (Hg.): Rahmenplan. Fachbereich Geschichte-Geographie, Eupen 2008, S. 15.

Der 20. September 1920 in Geschichte und Erinnerung der deutschsprachigen Belgier

Der Rat der Deutschsprachigen Gemeinschaft entschied sich 1990 für die Koppelung des Gemeinschaftstages an einen nationalen Gedenktag – dem Tag des Königs –, weil, so der damalige Ministerpräsident Joseph Maraite, „sich die Daten aus der jüngsten Vergangenheit allesamt dazu nicht eignen."[20]

Eigentlich eine verpasste Chance, denn gerade am Datum des 20. September 1920 – immerhin die Geburtsstunde unserer Zugehörigkeit zu Belgien – ließe sich die Vergangenheit der Deutschsprachigen Gemeinschaft in ihrer ganzen Vielschichtigkeit exemplarisch darstellen. Diese Entscheidung hätte politischen Mut gefordert. Es hätte ein wesentlicher Beitrag zur Identitätsfindung sein können, vorausgesetzt die politischen Mandatare würden die jährliche Gelegenheit nutzen, um mit überkommenen Klischees aufzuräumen. Vielleicht wird diese Tagung dazu beitragen, ein Umdenken zu bewirken. Politische Festtage werden schließlich nicht für die Ewigkeit festgeschrieben.

---

[20] Rat der Deutschsprachigen Gemeinschaft. Ausführliche Berichte. Sitzungsperiode 1989-1990 und 1990. Plenarsitzung vom 1. Oktober 1990, S. 72.

Christoph Brüll

Historiographie und Zeitgeschichte in der Deutschsprachigen Gemeinschaft Belgiens: eine Bestandsaufnahme

Einleitung

L'histoire est inséparable de l'historien[1] – die Geschichte und der Historiker sind untrennbar. Mit dieser prägnanten Formel von Paul Valéry machen Lütticher Studierende der Geschichte seit Jahrzehnten Bekanntschaft mit einem der größten Dilemmata der Geschichtsschreibung: das der Objektivität. Jeder Historiker ist ein Kind seiner Zeit und zumeist ist es der Blick durch die Brille der Gegenwart, die seine Fragestellungen an die Vergangenheit bedingt. Jeder Historiker ist jedoch auch abhängig von anderen Historikern, besonders und ganz sicher von denen, die vor ihm ein Thema, eine Zeitspanne oder eine Entwicklung analysiert und dargestellt haben. Der so genannte Forschungsstand in der Einleitung fast jeder wissenschaftlichen Abhandlung ist dafür Beleg. Bei intensiver Lektüre und Beschäftigung mit diesem Forschungsstand erhält der Historiker eben nicht nur tatsachengestützte Einblicke in das Thema, das er analysieren und beschreiben will, sondern auch in die

---

[1] Zitiert nach Léon-E. Halkin: Critique historique, 7. Aufl., Lüttich 1993, S. 43.

Art und Weise, wie die Geschichtsschreibung dieses Thema bisher behandelt hat. Er taucht ein in die Historiographiegeschichte, die Geschichte der Geschichtsschreibung. Der Beitrag der meisten Historiker zur Geschichte ihres Fachs bleibt jedoch auf ihren einleitenden Forschungsstand beschränkt.

Zu allen Zeiten und vor allem seit der Etablierung der Geschichte als wissenschaftliche Disziplin im 19. Jahrhundert hat es jedoch auch Historiker gegeben, die sich intensiver mit der Frage beschäftigt haben, wie die Geschichte geschrieben wird. Sie haben dazu vorwiegend ideen- und institutionengeschichtliche Ansätze und Zugänge gewählt. In den letzten fünfzehn Jahren hat sich die Historiographie- und Wissenschaftsgeschichte enorm entwickelt. Das Nachdenken über die Geschichte der eigenen Disziplin wurde in den letzten Jahren vor allem in Deutschland befördert und erzwungen durch die erst spät einsetzende Debatte um die Rolle der Historiker im Nationalsozialismus.[2]

Ich möchte im Folgenden am Beispiel der Historiographie zur Deutschsprachigen Gemeinschaft Belgiens (DG) versuchen zu zeigen, dass die Beschäftigung mit der Frage „Wie schreibt man Geschichte?" nicht bloß eine akademische Übung ist, sondern wie sehr sie den Blick für das politische und kulturelle Umfeld des Historikers, für die Bedingungen, in denen er Geschichte schreibt, schärft. Und vielleicht – so eine zarte Hoffnung – kann ein solcher Ansatz eine Hypothese des ehemaligen Zeit-Chefredakteurs Theo Sommer belegen: „Wir lernen vielleicht nicht aus der Historie, aber doch aus den Einsichten

---

[2] Zum Forschungsstand s. Jan Eckel und Thomas Etzemüller: Vom Schreiben der Geschichte der Geschichtsschreibung. Einleitende Bemerkungen, in: Dies. (Hg.): Neue Zugänge zur Geschichte der Geschichtswissenschaft, Göttingen 2007, S. 7-26.

Historiographie und Zeitgeschichte in der Deutschsprachigen Gemeinschaft Belgiens: eine Bestandsaufnahme

der Historiker"[3]; ich möchte in diesem Fall ergänzen: aus den Einsichten der Historiker über sich selbst.

Ich möchte mich der Geschichte der (professionellen) Geschichtsschreibung über die DG in diesem Beitrag auf impressionistischem Weg, in Form einer Entdeckungsreise nähern. Es geht mir nicht um einen systematischen, vollständigen Überblick, vielmehr gehe ich von meiner eigenen Erfahrung und Beschäftigung mit der Geschichtsschreibung zur Situation der heutigen Deutschsprachigen Gemeinschaft Belgiens in der Zeit zwischen den beiden Weltkriegen, unmittelbar nach dem Staatenwechsel von 1920 aus.[4] Ich tue dies – die Geschichte und der Historiker sind untrennbar – bewusst als Angehöriger einer Generation, deren zeitliche Distanz zu den Ereignissen des 20. Jahrhunderts eine andere, sagen wir ruhig, „unbefangenere" Sicht auf die jüngere Vergangenheit erlaubt. Andererseits gehöre ich zu einer (vielleicht der ersten) Generation, die als „Kinder der Deutschsprachigen Gemeinschaft" groß geworden sind, d.h. deren schulische und politische Sozialisation in die Zeit nach der Übertragung des Unterrichtswesens an die DG fällt.

Von Tabus und eingefahrenen Argumentationen (1960-1990)

Mit „ZOOM 1920-2010" beschäftigte sich in der DG erstmals eine Tagung mit dem 20. September 1920, mit dem, was Freddy Cremer als „die große Unbekannte", als das schwierige Datum der jüngeren ostbelgischen

---

[3] Zeitpunkte, Nr. 1./2004 (Helmut Schmidt. Ein Symposium zum 85. Geburtstag des Altbundeskanzlers), S. 69. Ähnlich auch schon Fritz Stern: Einleitung zur amerikanischen Erstausgabe (1956), in: ders. und Jürgen Osterhammel (Hg.): Moderne Historiker. Klassische Texte von Voltaire bis zur Gegenwart, München 2011, S. 16-17.

[4] Für die systematische Erschließung der Veröffentlichungen zur Deutschsprachigen Gemeinschaft Belgiens verweise ich auf Werner Mießen: Die Deutschsprachige Gemeinschaft Belgiens. Bibliografie 1945-2002, 2 Bde., Brüssel 2003; ders., Die Deutschsprachige Gemeinschaft Belgiens. Bibliografie 2003-2008. Mit Nachträgen 1945-2002, Brüssel 2009.

Vergangenheit bezeichnet hat.[5] Meines Wissens hat es bis heute nur eine einzige Tagung zu eben dieser Vergangenheit gegeben, und zwar im Jahr 1990. Auch hier war der Anlass ein runder Jahrestag – es ging jedoch nicht um den 70. Jahrestag der Angliederung an Belgien, sondern um den 10. Mai 1940, um den 50. Jahrestag des deutschen Einmarsches in Belgien, der bekanntlich nur eine Woche später zur Annexion des Gebietes von Eupen-Malmedy durch das Dritte Reich führte. Auf dieser von der Volkshochschule der Ostkantone organisierten Tagung war es der damals 27-jährige Historiker Carlo Lejeune, der die „fehlende Auseinandersetzung" der deutschsprachigen Belgier mit ihrer Vergangenheit konstatierte und dabei auch die emotionsgeladene, oftmals an den Fakten vorbeigehende Sicht vieler Ostbelgier thematisierte.[6] Einige Wochen, bevor das „Grenz-Echo" den Vortrag Lejeunes abdruckte, hatte in der katholischen Sekundarschule „Collège Patronné" eine Ausstellung mit dem Titel „Die verdrängten Jahre 1914-1945" stattgefunden, in der die Geschichtslehrer Freddy Cremer und Werner Mießen erstmals einen kritischen Blick auf den Staatenwechsel, die Zwischenkriegszeit und die Kriegsjahre richteten, der mit den Tabus und den verordneten Geschichtsbildern der Jahrzehnte nach dem Zweiten Weltkrieg brechen wollte. Das „Grenz-Echo" berichtete von einer „positiven Resonanz", auch und gerade weil so viele Schüler die Ausstellung hatten sehen können. Die Ausstellungsmacher sahen sich jedoch auch schweren Attacken und Diffamierungen ausgesetzt. Die Last der Vergangenheit, an die zu rühren immer viel zu oft noch als heikel empfunden wurde, wog schwer.

---

[5] Freddy Cremer: „Verschlusssache Geschichte". Über den Umgang mit der eigenen Vergangenheit, in: Ders./Andreas Fickers/Carlo Lejeune: Spuren in die Zukunft. Anmerkungen zu einem bewegten Jahrhundert, Büllingen 2001, S. 9-26.

[6] Grenz-Echo, 20.06.1990, S. 5; 21.06.1990, S. 7; 22.06.1990, S. 5; 23.06.1990, S. 7; 25.06.1990, S. 5; 26.06.1990, S. 5.

Historiographie und Zeitgeschichte in der Deutschsprachigen Gemeinschaft Belgiens: eine Bestandsaufnahme

Bestand vor 1990 die Möglichkeit, sich auf wissenschaftlichem Niveau über die jüngere Geschichte schlau zu machen? Durchaus. Vier Studien aus den 1960er und 1970er Jahren gelten bis heute als Standardwerke: Allesamt aus der Feder von Wissenschaftlern, die nicht aus Ostbelgien stammten, die jedoch alle eine mehr oder weniger enge Beziehung zu ihm aufwiesen, was zumindest auf ihre Themenwahl wohl entscheidenden Einfluss gehabt haben dürfte.

Die 1966 in der Reihe des Instituts für Geschichtliche Landeskunde der Rheinlande (IGL) in Bonn erschienene Dissertation von Heinz Doepgen beschäftigt sich just mit der Abtretung des Gebietes von Eupen-Malmedy an Belgien. Minutiös zeichnet Doepgen dabei die Kriegsziele und Großmachtträume einiger Akteure, aber auch die Umstände der im Versailler Vertrag vorgesehenen Befragung der Bevölkerung nach.[7] Die Arbeit zeichnet sich durch eine sehr zurückhaltende Argumentation aus, die jede revanchistische Stoßrichtung vermeidet. Es sei nur am Rande erwähnt, dass zu den Reihenherausgebern der damalige Direktor des Instituts, der Historiker Franz Petri (1900-1993) gehörte, einer der führenden „Westforscher" der 1930er Jahre, der seine Erfahrungen in der Volkstumsarbeit als Kriegsverwaltungsrat in Brüssel auch praktisch hatte erproben können.[8] Man mag in Doepgens Publikation einen Beleg dafür erkennen, dass sich die Zeiten in Bonn zwei Jahrzehnte nach Kriegsende und drei Jahre

---

[7] Heinz Doepgen: Die Abtretung des Gebietes von Eupen-Malmedy an Belgien im Jahre 1920, Bonn, 1966.

[8] Die pointierteste Einführung zur wissenschaftlichen Auseinandersetzung mit der „Westforschung" findet sich bei Peter Schöttler: Die historische „Westforschung" zwischen „Abwehrkampf" und territorialer Offensive, in: Ders.: Geschichtsschreibung als Legitimationswissenschaft 1918-1945, 2. Aufl., Frankfurt a.M. 1999, S. 204-261. Vgl. auch die in Qualität und Originalität sehr wechselhaften Beiträge in Burkhard Dietz/Helmut Gabel/Ulrich Tiedau (Hg.): Griff nach dem Westen. Die „Westforschung" der „völkisch-nationalen" Wissenschaften zum nordwesteuropäischen Raum 1919-1960, 2 Bde., Münster 2003; zu Ostbelgien s. Carlo Lejeune: „Des Deutschtums fernster Westen". Eupen-Malmedy, die deutschen Dialekt redenden Gemeinden um Arlon und Montzen und die „Westforschung", in: ebd., S. 493-538. Zu Petri s. Ulrich Tiedau: Franz Petri, in: Ingo Haar und Michael Fahlbusch (Hrsg.): Handbuch der völkischen Wissenschaften, München 2008, S. 467-474.

nach dem Elysée-Vertrag gewandelt und Lernprozesse eingesetzt hatten. Jedenfalls fiel auch das Urteil des Rezensenten des „Grenz-Echo" positiv aus. Kurt Grünebaum, den man wohl als einen der besten Kenner der deutsch-belgischen Beziehungen jener Zeit bezeichnen kann, bemerkte, dieses Buch bedürfe „keiner Widerlegung. Es gibt nur eine geschichtliche Wahrheit und keine zwei".[9]

Zwei Jahre zuvor war in der Zeitschrift des Aachener Geschichtsvereins die Kölner Dissertation von Klaus Pabst erschienen.[10] Was da unter dem nüchternen Titel „Eupen-Malmedy in der belgischen Regierungs- und Parteienpolitik 1914-1940" daher kam, ist auch heute, knapp ein halbes Jahrhundert nach seinem Erscheinen das Referenzwerk für jeden Historiker, der sich über die Entwicklung des Gebietes zwischen Staatenwechsel und Zweitem Weltkrieg informieren will. Grenz-Echo-Direktor Henri Michel besprach das Buch in einer langen Artikelserie, und damals wie heute beeindruckt neben der akribischen Quellenrecherche Pabsts die Ausgewogenheit seines Urteils – und dies zu einem Zeitpunkt, als die alten Denkschemen „prodeutsch"/ „probelgisch" zumindest latent noch in allen gesellschaftlichen Debatten vorzufinden waren. Dies sahen neben Henri Michel auch andere Zeitgenossen so. Gerade auch im Inland. So unterzog Elisée Legros das Werk in *La Vie wallonne* einer ausführlichen Kritik, in der er die Verdienste Pabsts würdigte. Auch der deutsche Generalkonsul im nicht eben als deutschfreundlich geltenden Lüttich war angetan und berichtete nach Bonn: „Das Buch ist aufschlussreich genug, um es im Auswärtigen Amt zum Studium und für seine Bibliothek zu

---

[9] Grenz-Echo, 07.12.1966, S. 4.

[10] Klaus Pabst: Eupen-Malmedy in der belgischen Regierungs- und Parteienpolitik 1914-1940, (Zeitschrift des Aachener Geschichtsvereins, Bd. 76), Aachen 1964, S. 205-515.

Historiographie und Zeitgeschichte in der Deutschsprachigen Gemeinschaft Belgiens: eine Bestandsaufnahme

empfehlen, insbesondere deshalb, weil es auf sehr konkrete Fragen eingeht und es in der deutschen Literatur nach hiesiger Kenntnis bisher kein Werkt gibt, das die Quellen so lückenlos zusammenfasst wie dieses. Es ist bemerkenswert, dass auch das offizielle Organ der sozialistischen Partei in Lüttich *Le Monde du Travail* der Arbeit uneingeschränktes Lob zollt und seine Objektivität hervorhebt. Herr Pabst habe bewiesen, schreibt das Blatt, dass die junge Generation der deutschen Historiker sich von den Klischees der Vergangenheit und der anachronistischen Bürde eines überholten Nationalismus freizumachen wisse".[11]

Einer der prominentesten Betroffenen, der Staatssekretär a.D. im Ministerium für Gesamtdeutsche Fragen, Franz Thedieck, der als Regierungsrat und Grenzlandreferent in Köln in den 1920er und 1930er Jahren den Hauptteil der praktischen Volkstumsarbeit in Eupen-Malmedy koordiniert hatte, war weniger begeistert. In reichlich beleidigtem Ton adressierte er zwei Briefe an den Herausgeber der Arbeit, den Aachener Stadtarchivar, sowie an Pabsts Doktorvater, den Rektor der Universität zu Köln, Theodor Schieder.[12] Er blitzte jedoch ab.

Sicher: manche Urteile aus heutiger Sicht als zu vorsichtig; sowohl bei Pabst als auch bei Doepgen dominiert die politische, oft auch ideengeschichtliche Annäherung an das Thema. Die Sozialgeschichte war zu Beginn der 1960er Jahre weder in Bonn, noch in Köln etabliert. Ihren Platz in der Reihe der älteren Standardwerke behaupten sie jedoch unangefochten.

In den 1970er Jahren waren es zwei Dissertationen, die die Forschungen erweiterten. Heidi Christmanns kommunikationshistorische Arbeit analysiert auf breiter

---

[11] Politisches Archiv des Auswärtigen Amtes (Berlin), B 24/547, Bl. 360: Generalkonsulat Lüttich an Auswärtiges Amt, 11.01.1965.

[12] Auch Schieders Wirken während des Nationalsozialismus ist in den letzten Jahren wiederholt Gegenstand heftiger Debatten gewesen. Auch der Zweitgutachter, Adam Wandruszka, ist in diesen Zusammenhang zu stellen. S. Ingo Haar: Theodor Schieder, in: ders./Fahlbusch, Handbuch, S. 623-629; Winfried Schulze und Otto-Gerhard Oexle: Deutsche Historiker im Nationalsozialismus, Frankfurt a.M. 1999.

Christoph Brüll

Grundlage die gesellschaftliche Kommunikation in Eupen-Malmedy zwischen den beiden Weltkriegen und zeichnet dabei eine Kommunikationssperre nach, die das prodeutsche und das probelgische Lager unversöhnlich trennte.[13] Die 1975 erschienene und 1978 neu aufgelegte Arbeit des Schweizer Historikers Martin R. Schärer zur „Wiedereingliederung Eupen-Malmedys im zweiten Weltkrieg" markiert einen weiteren Meilenstein der Forschung.[14] Auch hier sind es das breite Quellenmaterial, die ausgewogene Argumentation und die nüchterne Sprache, die das Werk unverzichtbar machen – bis heute.

Während der Nationalismus und der deutsch-belgische Nationalitätenkonflikt der Jahre 1918-1945 naturgemäß den Fokus der Analyse in allen vier Werken bestimmen, erweisen sie sich auch in ihren Defiziten als Kinder ihrer Zeit. Übergreifende Fragestellungen zum Thema der politischen Gewalt oder auch des Antisemitismus[15] sucht man vergeblich – durchaus typisch für die deutschsprachige Geschichtswissenschaft der 1960er und 1970er Jahre.

Wer sich hierzulande in den 1970er und 1980er Jahren kritisch mit der eigenen Geschichte auseinandersetzen wollte, hätte mithin die wissenschaftliche Basis für die Zeit bis 1945 zu seiner Verfügung gehabt – mit der Einschränkung, dass es bis auf eine 1986 veröffentlichte Studie von Roger Collinet zur Annexion von 1920[16] und einen Aufsatz von Alain Colignon in der Reihe *Jours de Guerre* nichts aus der

---

[13] Heidi Christmann: Presse und gesellschaftliche Kommunikation in Eupen-Malmedy zwischen den beiden Weltkriegen, München 1974.

[14] Martin R. Schärer: Deutsche Annexionspolitik im Westen. Die Wiedereingliederung Eupen-Malmedys im zweiten Weltkrieg, Frankfurt a.M. 1978 (Erstauflage 1975).

[15] S. den Versuch einer Synthese bei Christoph Brüll: Eupen-Malmedy, in: Jörg Osterloh und Wolf Gruner (Hg.): Das „Großdeutsche Reich" und die Juden. Nationalsozialistische Verfolgung in den „angegliederten" Gebieten, Frankfurt a.M. 2010, S. 311-334.

[16] Roger Collinet, L'annexion des cercles d'Eupen et de Malmedy à la Belgique en 1920, Verviers 1986.

Historiographie und Zeitgeschichte in der Deutschsprachigen Gemeinschaft Belgiens: eine Bestandsaufnahme

Feder eines belgischen Historikers zu lesen gegeben hätte.[17] Ohnehin muss man die belgische Historiographie als Spätstarterin bei der wissenschaftlichen Aufarbeitung der Zeit zwischen den beiden Weltkriegen und des Zweiten Weltkriegs bezeichnen.[18]

Die Frage der Rezeption der hier kurz vorgestellten Werke in Ostbelgien ist nicht ohne Weiteres zu beantworten. Positive Besprechungen der Werke im „Grenz-Echo", wie man sie auch im Fall des Buches von Schärer zu verzeichnen hatte, waren jedenfalls keine ausreichenden Indizien für ein gewachsenes Interesse an der eigenen Geschichte. Über Jahrzehnte war die Geschichte tabu gewesen, eine zuerst wohl notwendige Phase zur Herstellung und Sicherung des sozialen Friedens nach Krieg und Nachkriegssäuberung, deren Preis jedoch eine Entsorgungspolitik war, für die auch etliche Debatten des 1973 eingesetzten Rates der deutschen Kulturgemeinschaft stehen. Es sei nur auf die Entscheidung von 1980 verwiesen, aus der parlamentarischen Versammlung der Belgier deutscher Sprache, dem „Rat der deutschen Kulturgemeinschaft", den „Rat der Deutschsprachigen Gemeinschaft" zu machen. Auch die so genannte Niermann-Affäre, die Gesellschaft, Politik und Gerichte über mehrere Jahre in Atem hielt, trug letztlich wenig zu einer sachlichen Auseinandersetzung mit der eigenen Vergangenheit bei.

Sicher, in den 1980er Jahren häuften sich auch in Ostbelgien die Veröffentlichungen zur Geschichte der Jahre bis 1945. Doch allzu oft handelte es sich um Betroffenheitsliteratur, die die entscheidenden Fragen nicht stellte, und die der Bevölkerung (Stichwort:

---

[17] Alain Colignon: Ostkantone, in: Francis Balace (Hg.), Les dix-huit jours, (= Jours de Guerre, Bd. 2), Brüssel 1990, S. 105-114.

[18] Paul Aron und José Gotovitch: Einleitung, in: Dies. (Hg.): Dictionnaire de la Seconde Guerre mondiale en Belgique, Brüssel 2008, S. IX-XXIII.

Christoph Brüll

Ardennenoffensive oder Zwangssoldaten) eine Opferrolle zukommen ließ.[19] Herausgeber waren hier oftmals die Geschichtsvereine, die sich, wie Freddy Cremer und Carlo Lejeune gezeigt haben, sehr schwer damit taten, die jüngere Vergangenheit in ihren Publikationen darzustellen. Versuche der Erklärung und des Umgangs mit der eigenen Vergangenheit blieben Geschichtsbildern der Nachkriegszeit verhaftet, die die gesellschaftspolitische Konstellation der Zwischenkriegszeit zu reproduzieren schienen. Das Begriffspaar „prodeutsch" und „nationalsozialistisch", das bei Betonung der Trennung entlastende und als Synonym belastende Funktion haben kann, ist dafür beredtes Beispiel.

Der mit der Tagung zum 50. Jahrestags des deutschen Einmarschs und der Ausstellung „Die verdrängten Jahre" aufgemachte Kreis schließt sich mit einem der ersten Beispiele dafür, dass auch die Politiker der noch jungen Gemeinschaftsautonomie mittlerweile die Notwendigkeit einer idenditätsstiftenden Geschichtsschreibung erkannt hatten. Die vier Biblio-Kassetten „Grenzland seit Menschengedenken" versuchten in recht origineller Form, die Geschichte und Entwicklung des Gebiets vom Mittelalter bis in die Gegenwart nachzuzeichnen.[20] Erstmals traute sich ein von Alfred Minke geleitetes Autorenkollektiv auch an die heiklen Fragen der eigenen Geschichte voran. In welch unsicheren Gewässern sich die Politiker dabei immer noch fühlten, illustrierte der zuständige Gemeinschaftsminister Bruno Fagnoul, der sein Vorwort nämlich – wohl kaum zufällig – auf den 7. September 1990 datierte – „den 60. Geburtstag seiner Majestät König Baudouins". Wenn man

---

[19] Es sei nur verwiesen auf: Heinrich Toussaint: Verlorene Jahre, (Schicksale einer Kriegsgeneration im Grenzland, 1), Eupen, 1987; ders.: Bittere Erfahrungen, (Schicksale einer Kriegsgeneration im Grenzland, 2), Eupen, 1987; Manfred Bierganz und Robert Heeren: 10. Mai 1940 zwischen Aachen und Lüttich, Eupen 1990.

[20] Grenzland seit Menschengedenken, 4 Biblio-Kassetten, Eupen 1990.

weiß, dass die Gemeinschaft sich im selben Jahr den 15. November, das „Fest des Königs" (früher auch „Tag der Dynastie"), zum Feiertag gegeben hatte, sieht man, wie sehr jede vorsichtige Artikulation der eigenen Identität immer noch reflexhaft an eine Loyalitätsbekundung gegenüber dem belgischen Staat – wie so oft in der Person des Königs – gebunden werden musste.

Die 1990er Jahre: Geschichte und regionale Identität

„Mut zur eigenen Geschichte": mit diesem Buchtitel aus Anlass des 50. Jahrestags des Endes des Zweiten Weltkriegs ist die Entwicklung der 1990er wohl treffend beschrieben.[21] Einerseits erleichterte die zeitliche Distanz einer neuen Generation ihre Aufgaben. Die stark ansteigende Zahl von Studienabschlussarbeiten ostbelgischer Geschichtsstudenten an belgischen Universitäten belegt ein zunehmendes Interesse für die jüngere Vergangenheit. Andererseits führte die Studie „Jugend in guter Gesellschaft"[22] aus dem Jahr 1998 nur allzu deutlich vor Augen, welches grobe Unwissen das jahrzehntelange Schweigen und die faktische Nichtbehandlung der jüngeren Regionalgeschichte im Geschichtsunterricht verursacht hatte. Zwar bildete sich im Laufe der 1990er Jahre eine Art Konsens unter Historikern der jüngeren Generation bei der Beurteilung der Zeit zwischen 1914 und 1945 heraus, in der Gesellschaft kamen diese Erkenntnisse jedoch kaum an. Viele Ostbelgier trauten sich immer noch nicht an die Geschichte heran, zumal in der Unsicherheit der Umwandlung des belgischen Staates in einen Bundesstaat. So kam es, dass bei der Frage, was man denn

---

[21] Carlo Lejeune (Hg.): Mut zur eigenen Geschichte. Ostbelgien und der 8. Mai 1945, Sankt Vith 1995.

[22] Carlo Lejeune, Andreas Fickers, Freddy Cremer: Jugend in guter Gesellschaft 98? Meinungsbilder aus der Deutschsprachigen Gemeinschaft Belgiens, Büllingen 1998.

Christoph Brüll

politisch sein sollte und wollte, die Grundfrage, nach dem, was man eigentlich war und ist, immer noch für einiges Bauchgrimmen sorgte. Zugespitzt formuliert: wer in den 1990er Jahren die wissenschaftlich nicht wegzudiskutierende Tatsache der prodeutschen Sympathien der neubelgischen Bevölkerung in den 1920er und 1930er Jahren diagnostizierte und Erklärungen anbot, konnte sich immer noch dem Vorwurf ausgesetzt sehen, „heim ins Reich" zu wollen. Im belgischen Kontext bedeutete dies die Artikulation der Befürchtung, eine zunehmende Autonomie der Deutschsprachigen sei ein Angriff auf den belgischen Staat. Dahinter stand wiederum das Belgienbild vieler Ostbelgier, die sich immer noch nicht gewahr sind, wie spannungsreich das flämisch-wallonische Verhältnis eigentlich ist.

Doch auch die professionelle Historie entdeckte erst in den 1990er Jahren den Mut, sich dem wohl beschwiegensten Thema der jüngeren Vergangenheit zuzuwenden: der Nachkriegszeit und hier besonders der politischen Säuberung. Es waren vor allem Freddy Cremer und Werner Mießen, die schließlich allein (1994)[23] bzw. gemeinsam (1995)[24] die wissenschaftliche Erforschung der Nachkriegszeit auf die Forschungsagenda brachten. Das Konzept der „Spuren" – eine kurze Einleitung über die Jahre 1920-1956 und eine kommentierte Quellenedition markanter Dokumente ostbelgischer Zeitgeschichte, von offiziellen Quellen bis hin zu privaten Aussagen –, setzte die Erforschung des Zeitabschnitts auf ein neues Fundament.

Die Publikation „Spuren in die Zukunft. Anmerkungen zu einem bewegten Jahrhundert" (2001) markiert

---

[23] Freddy Cremer: Annexion, Assimilation, Autonomie. Zur Geschichte der Deutschsprachigen Gemeinschaft, in : I & M. Informationen & Meinungen aus Deutschbelgien, 1994, 2, S. 5-14; 1994, 3, S. 3-13; 1994, 4, S. 4-15.

[24] Freddy Cremer und Werner Mießen: Spuren. Materialien zur Geschichte der Deutschsprachigen Gemeinschaft Belgiens, Eupen 1995.

in gewissem Sinn einen End- und Höhepunkt dieser Entwicklungen.[25] Andreas Fickers', Carlo Lejeunes und Freddy Cremers diverse Essays bieten eine scharfsinnige Analyse der Geschichte des 20. Jahrhunderts, vor allem jedoch ihrer mangelnden Aufarbeitung. Für eine junge Historikergeneration bildet dieser Band einen Abschluss und einen Anfang. Zum einen markiert er den historiographischen Abschluss der 1990er Jahre, zum anderen formuliert er zahlreiche Hypothesen und Fragestellungen, deren Diskussion noch einer empirischen Überprüfung harrt.

Man hat dieser Geschichtsschreibung manchmal eine Opferperspektive vorgeworfen. Zu sehr erschienen die Ostbelgier als „passive" Leidende einer Entwicklung, die ihr durch die „große" Politik aufgezwungen wurde.[26] Dieser Vorwurf ist berechtigt und unberechtigt zugleich. Unberechtigt ist er, wie er gemeint war. In allen Veröffentlichungen werden Verantwortlichkeiten klar benannt und, oft genug, heikle Fragestellungen zumindest skizziert: man denke nur an das Verhalten der ostbelgischen Wehrmachtssoldaten; auch wenn die Täterforschung über einige teils unbefriedigende Versuche hinaus bisher noch nicht sehr entwickelt ist.[27] Aufkommen konnte der Vorwurf jedoch, weil vielleicht tatsächlich eine Opferperspektive stark im Vordergrund steht. Den Ostbelgiern ist ihre eigene Geschichte oft genug vorenthalten worden; die Ostbelgier haben sich ihre eigene Geschichte oft genug selbst vorenthalten.

---

[25] Freddy Cremer, Andreas Fickers, Carlo Lejeune: Spuren in die Zukunft. Anmerkungen zu einem bewegten Jahrhundert, Büllingen 2001.

[26] Das ist der mitschwingende Vorwurf bei Bruno Kartheuser: Die 30er Jahre in Eupen-Malmedy. Einblick in das Netzwerk reichsdeutscher Subversion, Neundorf 2001.

[27] Kartheusers Buch greift die berechtigte Frage nach der Täterschaft von Ostbelgiern im Zweiten Weltkrieg auf. Da er jedoch allzu oft Analysen und Erklärungen vernachlässigt, kommt dem Buch vor allem dokumentarischer Wert zu. Vgl. Christoph Brüll: « L'identité des Belges germanophones est une non-identité ». Quelques réflexions à propos de publications récentes sur l'histoire de la Communauté germanophone de Belgique, in : Cahiers d'Histoire du Temps Présent, 21(2009), S. 211-226.

Das war es auch, was Andreas Fickers in einem 2004 erschienenen gedächtnisgeschichtlichen Text als „Gedächtnisopfer" brillant analysiert hat.[28] Die erwähnten Texte, man könnte die zahlreichen Abschlussarbeiten hinzufügen, beruhen auf der Annahme, dass die in dieser Zeit (und bis heute) viel beschworene Identität der deutschsprachigen Belgier vor allem auf deren Geschichte beruht oder zumindest, dass jede – und ich weiß, der Begriff ist problematisch – kollektive Identität eine historische Dimension unbedingt benötigt. Es ist zu fragen, ob nicht erst eine solche Perspektive auf den Umgang mit ihrer Vergangenheit die Erfassung der Ostbelgier als Akteure ihrer eigenen Geschichte – und damit eben auch als Täter – ermöglicht.

Ein wichtiger Aspekt bleibt jedoch tatsächlich unterbelichtet: der Widerstand. Indem diese Arbeiten das Verhalten der „Mehrheitsgesellschaft" thematisieren, wurde die Gegnerschaft zu Deutschland und zum Nationalsozialismus – in der Zeit vor 1940, aber vor allem in den Kriegsjahren – nur recht marginal behandelt. Dies liegt einerseits an einem simplen historischen Faktum: es gab nur wenig Widerstand in den ostbelgischen Gemeinden. Andererseits würde eine verstärkte Untersuchung der Widerständler nicht zuletzt zu einer tiefergehenden Auseinandersetzung mit der Frage nach den Handlungsspielräumen für die Bevölkerung führen können.

Ostbelgische Zeitgeschichte zu Beginn des 21. Jahrhunderts: Welche Perspektiven?

Ist nicht alles gesagt? Eine häufig gestellte Frage. Ist es nicht genug mit diesen Geschichten? Ein häufig

---

[28] Andreas Fickers: Gedächtnisopfer. Erinnern und Vergessen in der Vergangenheitspolitik der deutschsprachigen Belgier im 20. Jahrhundert, in: Zeitenblicke, 3 (2004), Nr. 1, http://zeitenblicke.historicum.net/2004/01/fickers [05.08.2011].

Historiographie und Zeitgeschichte in der Deutschsprachigen Gemeinschaft Belgiens: eine Bestandsaufnahme

ausgedrücktes Gefühl. Viele Historiker sprudeln dann nur vor Forschungsthemen und -feldern, die sich als kaum oder gänzlich unbearbeitet erweisen. Wer nur in die drei Bände der „Säuberung" (2005, 2007, 2008) von Carlo Lejeune[29] hineinschaut, wird schnell erkennen, dass Geschichte und Nachgeschichte der Ereignisse des 20. Jahrhundert so schnell nicht abgeschlossen sind, wie sich auch aus der Gegenwart heraus neue Fragestellungen formen – aber auch, wie viel Material noch in Archiven, aber auch in den Aussagen der Zeitzeugen schlummert.

Ich möchte zum Abschluss jedoch keine Themen aneinanderreihen, sondern einige strukturelle Bemerkungen machen. Unter welchen Bedingungen wird heute ostbelgische Geschichte geschrieben? Ich habe es schon anklingen lassen. Die Zahl der Abschluss- und Doktorarbeiten über Ostbelgien oder zumindest mit für Ostbelgien belangreichen Fragestellungen nimmt zu.[30] Die Einrichtung eines Staatsarchivs in Eupen Ende der 1980er Jahre hat hier natürlich einiges bewirkt. Einige Professoren an den Universitäten Louvain-la-Neuve, Lüttich oder Aachen haben immer wieder derartige

---

[29] Carlo Lejeune: Die Säuberung, Bd. 1: Ernüchterung, Befreiung, Ungewissheit (1920-1944), Büllingen 2005, Bd. 2: Hysterie, Wiedereingliederung, Assimilierung (1945-1952), Büllingen 2007, Bd. 3 (mit Klaus-Dieter Klauser): Verdrängte Erinnerungen – 340 Zeitzeugen berichten, Büllingen 2008.

[30] Unveröffentlich sind bspw. Katja Schenk: Les mouvements de jeunesse germanophiles dans le canton d'Eupen pendant l'Entre-deux-guerres, ULg 1997; Manfred Müller: Die Kommunalverwaltung der Stadt Eupen und des Amtes Eupen-Land während des zweiten Weltkrieges, UCL 1997; Andrea Velz: La vie en Wallonie prussienne entre nationalisme et „Kulturkampf", ULB 2002; Cynthia Lemaire: La Question royale dans les cantons de l'Est 1945-1950, ULg 2004; Nicolas Dewald: L'indemnisation des enrôlés de force dans l'armée allemande, ULg 2005; Nina Reip: Vergangenheitsbewältigung in der Deutschsprachigen Gemeinschaft Belgiens, RWTH 2006; Bärbel Cremer: Protestations des germanophones belges contre la politique belge de l'après-guerre, 1949-1963, une étude de cas, UCL 2007; David Mennicken: Die Heimattreue Front. Eine „nationalsozialistische" Organisation in Belgien (1936-1940), UCL 2010. Veröffentlicht sind bspw. Guido Havenith: Das Belgien-Bild im „Grenz-Echo" (1927-1940): ein Weg zur Integration?, im Erscheinen (ULg 1995); Peter Quadflieg: „Zwangssoldaten" und „Ons Jongen". Eupen-Malmedy und Luxemburg als Rekrutierungsgebiet der deutschen Wehrmacht im Zweiten Weltkrieg, Aachen 2008 (RWTH 2007); Christoph Brüll: Die deutschsprachigen Einheiten in der belgischen Armee zwischen den beiden Weltkriegen, St. Vith 2004 (ULg 2001); Jochen Lentz: Das Wahlverhalten in den Kantonen Eupen, Malmedy und St. Vith bei den Parlamentswahlen von 1925-1939, Eupen 2000 (UCL 1997). Doktorarbeiten beschäftigen sich hauptsächlich mit den deutsch-belgischen Beziehungen, widmen jedoch naturgemäß dem deutschsprachigen Belgien große Aufmerksamkeit: Carlo Lejeune: Die deutsch-belgischen Kulturbeziehungen 1925-1980, Wege zur europäischen Integration?, Köln 1993 (Univ. Trier 1992); Christoph Brüll: Belgien im Nachkriegsdeutschland. Besatzung, Annäherung, Ausliefung 1944-1958, Essen 2009 (Univ. Jena 2008). S. auch die Arbeit des Kölner Historikers Peter Klefisch: Das Dritte Reich und Belgien 1933-1939, Köln 1988 (Univ. Köln 1987).

Christoph Brüll

Arbeiten angeregt. Dabei hat man, darauf sei an dieser Stelle verwiesen, auch das 19. Jahrhundert für die Forschung entdeckt, die preußisch-deutsche Zeit, die durch die geschichtspolitischen Debatten seit 1920 und bis heute sehr oft in ein falsches Licht gerückt wurde. Vier Beobachtungen muss man jedoch machen:

1. Viel zu wenige Forscher außerhalb der regionalen Historiker interessieren sich für die Geschichte der DG. Gerade der Blick von außen mit seinen anderen Fragestellungen, einer anderen Distanz und einer anderen Einordnung kann bei der weiteren Erforschung nur hilfreich sein – ich erwähne hier nur das Beispiel von Selm Wenselaers *De laatste Belgen* und die Münsteraner Dissertation von Sebastian Scharte zum Identitätsgefühl im 19. Jahrhundert.[31] Die Geschichte der DG kam bisher in den Gesamtdarstellungen zur belgischen Geschichte kaum vor – der letzte Band der *Nouvelle Histoire de Belgique* aus der Feder von Philippe Destatte und Marnix Beyen[32] und ein dem Gebiet gewidmeter Artikel des luxemburgischen Historikers Benoît Majerus[33] in den belgischen Erinnerungs- und Geschichtsorten stimmen etwas hoffnungsvoller. Solange jedoch auch renommierte Historiker wie der Leiter des Brüsseler CEGES, Rudi Van Doorslaer, bei einer Aufzählung der belgischen Kriegstoten die ostbelgischen Toten (d.h. vor allem die gefallenen Wehrmachtssoldaten) ignorieren[34], stellt sich das Gefühl ein, der Platz der

---

[31] Selm Wenselaers: De laatste Belgen. Een geschiedenis van de Oostkantons, Antwerpen 2008; Sebastian Scharte: Preußisch – deutsch – belgisch. Nationale Erfahrung und Identität. Leben an der deutsch-belgischen Grenze im 19. Jahrhundert, Münster 2010.

[32] Benoît Majerus: Eupen-Malmédy of een ambivalent expansiegebied, in: Jo Tollebeek (Hg.): België, een parcours van herennering, Bd. 1, Amsterdam 2008, S. 348-359.

[33] Philippe Destatte und Marnix Beyen: Un autre pays. Nouvelle Histoire de Belgique 1970-2000, Brüssel 2009.

[34] Rudi van Doorslaer, L'héritage politique de la guerre et en particulier de la collaboration en Belgique 1945-2000, in: Archives nationales du Luxembourg (Hg.): Collaboration: Nazification ? Le cas du Luxembourg à la lumière des situations française, belge et néerlandaise. Actes du colloque international de Neumünster, Mai 2006, Luxemburg 2008, S. 453.

Historiographie und Zeitgeschichte in der Deutschsprachigen Gemeinschaft Belgiens: eine Bestandsaufnahme

Geschichte der deutschsprachigen Belgier sei im historischen No-Man's-Land. Das ist umso bedauerlicher als die keinesfalls zwangsläufige Entwicklung seit 1945 hin zur eigenen Kulturgemeinschaft und Gemeinschaft ohne ihren gesamtbelgischen Kontext eigentlich nicht zu verstehen ist. Klar gesagt: Die Geschichte der deutschsprachigen Belgier ist auch eine belgische Geschichte, wie es die flämische, die wallonische (und mittlerweile die Brüsseler) Geschichte ist – wenn sie auch nur ein Nebenprodukt des flämisch-wallonischen Konfliktes ist.

2. Neuere kulturgeschichtliche Ansätze sind bisher selten in die Forschung zum deutschsprachigen Belgien eingeflossen.[35]

3. Es fehlt immer noch eine systematische Darstellung der ostbelgischen Geschichte oder zumindest an Publikationsmöglichkeiten für die Forschungen gerade auch jüngerer Historiker. Hier besteht bei den beiden nördlichen Geschichtsvereinen ein großer Nachholbedarf, die Arbeit des ZVS im Süden in den letzten Jahren setzt hier neue Maßstäbe. Es darf jedenfalls nicht sein, dass viele spannende Arbeiten in Bibliotheken verstauben. Denn trotz wachsender Beschäftigung mit der Geschichte ist die Zahl derer, die dazu publizieren können, immer noch recht überschaubar, was eine Inflation wohl unwahrscheinlich erscheinen lässt. Die von Nietzsche ausgesprochene Warnung vor einem „Zuviel an Geschichte" scheint mir für die DG noch nicht akut zu sein – auch im öffentlichen Raum und als Teil einer offenen Debattenkultur.

4. Von politischer Seite wird die Geschichte der Autonomie der Deutschsprachigen Gemeinschaft

---

[35] Philippe Beck: Peter Schmitz und Josef Ponten: zwei Schriftsteller aus dem deutsch-belgischen Grenzland, 1918-1940. Eine kulturhistorische Studie unter besonderer Berücksichtigung der komparatistischen Imagologie, 3 Bde., thèse de doctorat en langues et lettres, Université Catholique de Louvain, 2009-2010 kommt hier Pioniercharakter zu.

Belgiens derzeit oft als „Erfolgsgeschichte" beschrieben. Dabei drängt sich bei der Lektüre mancher Redetexte der Eindruck eines bedenklichen Generationsmodells für das 20. Jahrhundert auf, nach dem die Leiden des Staatenwechsels und die Leiden des Zweiten Weltkriegs durch den „Trumpf" Autonomie aufgewogen werden könnten.[36] Kritische Geschichtsschreibung wird sich vor derartigem Vokabular und vor derartigen Analysen hüten müssen, will sie nicht im viel zitierten Identitätsdiskurs zu einer Legitimationsmaschinerie verkommen.

Die Beschäftigung mit der ostbelgischen Geschichte und mit ihrer Historiographie zeigt letztlich vor allem, wie wichtig die Erkenntnis ist, dass grenzüberschreitende, nationale, regionale und identitäre Bekenntnisse und Zugehörigkeitsgefühle wandelbar sind, und wie fundamental der Abbau von Grenzen in unseren Köpfen ist – gerade auch in den Köpfen der Historiker.

---

[36] Vgl. Fickers, Gedächtnisopfer.

Werner Mießen

Hubert Mießen – eine ostbelgische Biographie im 20. Jahrhundert

Einleitung

Ostbelgische Biographien aus dem 20. Jahrhundert gibt es viele. So viele wie es Menschen gab, die damals ab Inkrafttreten des Versailler Vertrags hierzulande gelebt haben. Und alle Biographien sind verschieden. Unmöglich also, eine Person zu finden, deren Lebenslauf allgemeine Gültigkeit hätte und in der sich ein jeder Ostbelgier, der diese Zeit miterlebt hat, wiedererkennen dürfte.

Warum die Organisatoren dieser Tagung sich gerade für die Darstellung der Biographie des Hubert Mießen entschieden haben, hat wohl folgende Gründe. Einerseits lassen sich am Werdegang Hubert Mießens exemplarisch die zwei Zeitabschnitte veranschaulichen, die üblicherweise von unseren Historikern als die „dunkle Epoche" der ostbelgischen Vergangenheit bezeichnet werden: die Jahre des Zweiten Weltkriegs und die Jahre der sogenannten „Säuberung"; andererseits – und dies war gewiss ausschlaggebend – ermöglicht es diese Biographie darzustellen, wie die Erfahrungen jener Epoche noch Jahrzehnte später die Laufbahn eines Ostbelgiers, aber darüber hinaus auch den Lauf der politischen Entwicklung in Ostbelgien mitbestimmen konnten.

Repräsentativität besteht im Falle von Hubert Mießen indes nur für seine Zeit als Soldat im Zweiten Weltkrieg; was die Zeit der „Säuberung" und insbesondere die 1950er und 1960er Jahre betrifft, so weichen seine Erfahrungen von denen seiner Generation bedeutend ab.

Bei Hubert Mießen handelt es sich um meinen Vater. Dieser Umstand machte mir meine Aufgabe mal leichter, mal schwerer. Leichter, weil ich über Quellen verfügen konnte, die jedem anderen gewiss nicht zugänglich gewesen wären. Schwerer, weil ich darauf achten musste, trotz mancher Emotionen – zum Beispiel bei der Lektüre von Feldpost oder von Vernehmungsprotokollen – Abstand zu wahren, damit die Darstellung nicht durch meine Empfindungen beeinträchtigt wurde. Hinzu kommt, dass die Geschichte des Hubert Mießen zum Teil ja auch meine eigene ist, wodurch sich das Risiko der Subjektivität noch erhöhte. In welchem Maße ich dem Gebot der Objektivität gerecht geworden bin, vermag ich nicht zu sagen. Doch habe ich mich redlich bemüht, meine Aufgabe nach dem Grundsatz anzugehen, den mein Vater – ein überzeugter Lateiner – mir für solche Fälle empfohlen hätte: *Sine ira et studio*. Dennoch – das dürften Sie mir zugestehen – werde ich mir ab und zu eine kleine Randbemerkung nicht verkneifen.

Meine Quellen waren die maßgeblichen Veröffentlichungen zur jüngeren Regionalgeschichte – insbesondere die Arbeiten von Freddy Cremer[1] sowie das Werk Carlo Lejeunes[2] zur „Säuberung"–, die Zeitung „Grenz-Echo", private und andere Korrespondenz aus dem

---

[1] Freddy Cremer: Annexion, Assimilation, Autonomie. Zur Geschichte der Deutschsprachigen Gemeinschaft, II. u. III. Teil, in: I&M. Informationen und Meinungen aus Deutschbelgien 3 (1994), S. 3-13 u. 4 (1994), S. 4-15; ders.: Sie mussten päpstlicher bleiben als der Papst. Die Säuberung – ein politischer Dauerbrenner, in: Carlo Lejeune (Hg.): Mut zur eigenen Geschichte. Der 8. Mai 1945 – Anmerkungen zur ostbelgischen Vergangenheit, St. Vith 1995, S. 51-58; ders.: Von den 'Inciviques' zu den 'Modellbelgiern'. Als man den aufrechten Gang wieder lernen musste, in: Carlo Lejeune/Andreas Fickers/Freddy Cremer (Hg.): Spuren in die Zukunft. Anmerkungen zu einem bewegten Jahrhundert, Büllingen 2001, S. 99-116.

[2] Carlo Lejeune: Die Säuberung, 3 Bde., Büllingen 2005-2008 (Bd. 3 in Zusammenarbeit mit Klaus-Dieter Klauser).

Nachlass meines Vaters, Polizei- und Gerichtsakten, Zeitzeugenaussagen und eigene Erinnerungen ... wobei enttäuschend wenig Erinnerungen an Lebensberichte aus dem Munde meines Vaters selbst.

Katholizismus
Hubert Mießen wurde geboren am 14. Januar 1908 in Lontzen, einem Dorf bei Eupen. Dort betrieben die Eltern ein landwirtschaftliches Gut sowie eine kleine Futtermittelhandlung. Tief verwurzelt im Katholizismus war die Familie: man hatte die „Stadt Gottes" abonniert, unterstützte einen befreundeten China-Missionar und die jüngste Tochter trat dem Orden der Franziskanerinnen bei.

Wie es scheint, war diese religiöse Einstellung auch nicht ohne Einfluss auf die politische Gesinnung meines Großvaters. Als unsere Gegend 1920 den Staat wechselte, soll er gesagt haben: „Kinder, jetzt sind wir in Belgien – das ist ein katholisches Land!" In die in Eupen ausliegende Liste für den Verbleib bei Deutschland hätte er sich demnach bestimmt nicht eingetragen.

Als einziges der acht Kinder durfte Hubert – wie man seinerzeit sagte – „weiterstudieren". Nach der Volksschule besuchte er in Eupen die altsprachliche Abteilung des deutschen Progymnasiums bzw. – ab 1921 – des belgischen bischöflichen „Collège Patronné" und ging nach dem Abitur an die Katholische Universität Löwen, wo er zu den ersten Mitgliedern der 1926 gegründeten Verbindung der Eupen-Malmedyer Studenten „Eumavia Lovaniensis" gehörte.

Im Oktober 1932 verließ Hubert Mießen die Universität als Doktor der Rechte, Kandidat der Notariatswissenschaften und Bakkalaureus der thomistischen Philosophie. Anschließend leistete er im 1. Linienregiment seinen Militärdienst und wurde Unteroffizier der Reserve. Im November 1933 ließ er sich in Eupen als Rechtsanwalt nieder.

Revolution

Die politische Situation in Eupen-Malmedy in jenen Jahren dürfte bekannt sein. Unversöhnlich standen sich zwei Lager gegenüber: das eine bestand vorwiegend aus den Anhängern der Katholischen Union und war das der sogenannten „Probelgier"; das andere war das der sogenannten „Prodeutschen": ihr Sammelbecken war die Christliche Volkspartei bzw. – nach 1935 – die zunehmend nationalsozialistisch geprägte Heimattreue Front.

Auch der junge Anwalt Mießen schloss sich ab 1936 einer dieser Richtungen an: der probelgischen.

Er trat jedoch nicht – wie man annehmen könnte – der Katholischen Union bei, sondern einer Organisation, die sich mit den Katholiken auch in Innerbelgien heftige Auseinandersetzungen lieferte.

Ab 1936 engagierte sich Hubert Mießen bei REX. Die REX-Bewegung, hervorgegangen aus Kreisen der Katholischen Aktion und Anfang der 1930er Jahre in Löwen von dem Wallonen Léon Degrelle gegründet, wollte für Belgien eine – wie sie verkündete – „geistige Revolution". REX trat ein für einen autoritären Ständestaat nach italienischem Vorbild, bekämpfte das Brüsseler Parteiensystem und machte eine Zeitlang Furore mit der Aufdeckung von Finanz- und Politskandalen.[3]

[3] Häufig wird REX – undifferenziert – als belgische deutschfreundliche faschistische bzw. nationalsozialistische Bewegung dargestellt. In der Tat: Während des Zweiten Weltkriegs kollaborierten in Belgien viele Rexisten mit der Besatzungsmacht; über Tausend meldeten sich zum Einsatz an der Ostfront; ihr „Chef" – von dem der „Führer" gesagt haben soll, dass er sich einen wie Léon Degrelle als Sohn gewünscht hätte – beendete seine Laufbahn im Dienste des NS-Regimes als hochdekorierter SS-Obersturmbannführer. Was die 1930er Jahre betrifft, so kann diese Darstellung zweifellos für die Anfänge der Bewegung überhaupt nicht und für die Zeit danach nur teilweise gelten. S. dazu u. a. Francis Balace: Fascisme et catholicisme politique dans la Belgique francophone de l'entre-deux-guerres, in: Handelingen van het XXXIIe Vlaams Filologencongres – Leuven 17-19 april 1979, Leuven o. J., S. 146-164; Alain Colignon: La collaboration francophone : autopsie post-mortem, in: José Gotovitch/Chantal Kesteloot (Hg.): Occupation, répression. Un passé qui résiste, Brüssel 2002, S. 11-38; Martin Conway: Degrelle. Les années de collaboration, 2. Aufl., Brüssel 2005, S. 19-42.

Hubert Mießen – eine ostbelgische
Biographie im 20. Jahrhundert

In Eupen-Malmedy bejahte REX die Zugehörigkeit zu Belgien[4], setzte sich dabei allerdings vehement ein für die Rechte der deutschen Sprache – vor allem im Gerichtswesen – und für die Forderungen der ehemaligen Soldaten des Ersten Weltkriegs. Ende der 1930er Jahre stellte REX mit dem in Eupen ansässigen altbelgischen Anwalt René Wintgens im Wahlbezirk Verviers einen Abgeordneten für die Kammer in Brüssel.

Hubert Mießens Engagement in der REX-Bewegung dauerte zwar nur drei Jahre, muss aber nicht nur beiläufig gewesen sein. Immerhin finden wir ihn 1938 bei den Wahlen zum Eupener Stadtrat als REX-Spitzenkandidat und ist einige Monate lang in der deutschen Ausgabe der REX-Zeitung als Bezugsstelle dieser Publikation die Adresse seiner Anwaltskanzlei angegeben.[5]

Was meinen Vater bewogen hatte, bei REX aktiv zu werden, hat mir bis heute niemand genau erklären können.[6]

Deutsches Recht

Beim Einmarsch der Wehrmacht in Belgien im Mai 1940 befindet sich Hubert Mießen – der seit der Mobilmachung Ende August 1939 wieder Soldat ist – in Westflandern. Er gerät in deutsche Gefangenschaft, wird jedoch – wie die meisten Eupen-Malmedyer – bald freigelassen.

Anfang Juni ist er zurück in Eupen – das seit dem 18. Mai durch „Führererlass" nun deutsches Staatsgebiet

---

[4] Somit stand REX – wie Katholische Union, Sozialisten und Liberale – in Gegnerschaft zur Heimattreuen Front. Zu REX in Eupen-Malmedy s. Klaus Pabst: Eupen-Malmedy in der belgischen Regierungs- und Parteienpolitik 1914-1940, Aachen 1964, S. 417-421.

[5] Bei diesen Wahlen erhielt Hubert Mießen 11 (sic) Vorzugsstimmen, die REX-Liste insgesamt 325 Stimmen; für einen Sitz im Eupener Stadtrat reichte das nicht. (Das Wahlergebnis in Eupen, in: Rex. Deutsche Ausgabe, 22.10.1938, S. 3)

[6] Denkbar ist, dass sein Rechtsanwaltskollege Wintgens ihn für REX anwerben konnte. Vielleicht hatten auch die Studienjahre in Löwen eine Rolle gespielt; der umtriebige Léon Degrelle (* 1906), der zur gleichen Zeit dort Jura studierte, dürfte ihm nicht unbekannt gewesen sein.

ist – und nimmt – nach einigen Bedenken der Kreisleitung wegen seiner belgischen Einstellung vor dem Kriege – seine Tätigkeit als Rechtsanwalt wieder auf. Nach einem Schnellkurs in deutschem Recht erhält er die Zulassung zum Amtsgericht Eupen und zum Landgericht Aachen. Ein Teil seiner Tätigkeit bestand in den sogenannten „Abwesenheitspflegeschaften", d. h. in diesem Falle in der Verwaltung von auf dem annektierten Gebiet befindlichen Firmen, deren Eigentümer sich in Belgien aufhielten. Auch trat er als Anwalt des Bistums Aachen in Sachen Kirchensteuer auf.

Hubert Mießens prominentester Klient war Pierre Van Werveke, der im Aachener Gefängnis einsaß. Der Jurist Van Werveke, Rechtsanwalt in Eupen, zählte in der Zwischenkriegszeit zu den einflussreichsten Persönlichkeiten Ostbelgiens. Er hatte 1920 bis 1925 das Generalsekretariat des Gouvernements Eupen-Malmedy geleitet, in Publikationen die Annexion Eupen-Malmedys durch Belgien gerechtfertigt und 1927 die probelgische Zeitung „Grenz-Echo" mitgegründet.

Wehrmacht

Ende März 1943 wird Hubert Mießen, der kurz davor geheiratet hatte, zur Wehrmacht eingezogen; seinen in der belgischen Armee erworbenen Rang als Unteroffizier behält er bei.

Die Zeit, die Hubert Mießen in der Wehrmacht verbringt, gleicht mehr oder weniger der von vielen der über 8.500 Ostbelgier, die ab September 1941 in den deutschen Kriegsdienst mussten:

April-Mai 1943: Infanterie-Ausbildung in Bonn und Köln

Juni-Oktober 1943: Fronteinsatz in Russland; bei Orel Auszeichnung mit dem Eisernen Kreuz 2. Klasse

November 1943-Mai 1944: Französischlehrer in Dolmetscherkompanien in Mainz, Wiesbaden und Münster

Juni-August 1944: Verbindungsmann zwischen Wehrmachtsstellen und französischen Behörden in Versailles

Ende August 1944: Gefangennahme durch die Truppen der Armée Leclerc

Oktober 1944-Oktober 1945: Kriegsgefangenschaft im Lager Knutsford in England

Als Hubert Mießen nach seiner Freilassung aus dem englischen Lager wieder belgischen Boden betritt, muss er das erleben, was so manchem ehemaligen Wehrmachtsoldaten aus den Ostkantonen widerfuhr: er wird festgenommen. Zwar darf er noch in Eupen seine Frau besuchen und Bekanntschaft mit dem während seiner Abwesenheit geborenen Sohn machen, doch dann wird er im Vervierser Gefängnis interniert. Auch dieses Los muss er mit vielen teilen. Carlo Lejeune hat recherchiert, dass es bis Januar 1946 4.336 internierte oder inhaftierte Ostbelgier gab.[7]

Somit beginnt für Hubert Mießen die Zeit der politischen „Säuberung".

Säuberung

Schon vor seiner Rückkehr aus der Kriegsgefangenschaft hatte die belgische Staatssicherheit zu Hubert Mießen Erkundigungen eingeholt und Zeugenaussagen gesammelt. Nach der Festnahme führte sie die Ermittlungen fort, während Hubert Mießen vom Gefängnis aus seine Rechtsanwälte ihn entlastendes Material

[7] Carlo Lejeune: Die Säuberung, Bd. 2, 2007, S. 60.

beschaffen ließ. Diese Dokumente werden im Archiv der belgischen Justiz – Abteilung *Incivisme* – in Brüssel aufbewahrt und können – nach Genehmigung durch das *Collège des Procureurs généraux* – dort von den Angehörigen eingesehen werden.

Der Großteil der folgenden Informationen – wie auch der vorigen zur Militärzeit meines Vaters – stammen aus dieser Quelle.

Als Hubert Mießen belastend enthält das Dossier beispielsweise die Aussagen:

- Dass er den „Westdeutschen Beobachter" bezogen habe
- Dass er Mitglied des Eifelvereins, des NSRB – des Nationalsozialistischen Rechtswahrerbundes –, der SA und des NSKK – des Nationalsozialistischen Kraftfahrkorps – gewesen sei
- Dass er an einer deutschen Kriegsakademie unterrichtet habe
- Dass er am 10. Mai 1940 mit dem „Segelfliegerverein" durch Eupen marschiert sei
- Dass er einen belgischen Geschäftsmann bei der deutschen Behörde denunziert habe

Seine Mitgliedschaft im Eifelverein, im NSRB und in der Eupener SA hat Hubert Mießen später vor Gericht nicht bestritten, doch die anderen Anschuldigungen beruhten – wie immer wieder in der Zeit der „Säuberung" – auf Verwechslungen und Missverständnissen. So handelte es sich bei dem „Segelflieger" vom 10. Mai um einen Namensvetter; mit der Professur an der Kriegsakademie meinte man den Französischunterricht in den Dolmetscherkompanien, und die Mitgliedschaft im NSKK war völlig aus der Luft gegriffen.

Mein Vater, der zeitlebens weder Auto noch Motorrad besessen hatte, hätte noch nicht mal eine Zündkerze wechseln können und sich beim Nationalsozialistischen Kraftfahrkorps nur lächerlich gemacht. All diese Irrtümer wurden dann im Laufe des Verfahrens beseitigt. Was die – immerhin schwere – Anschuldigung der Denunziation anbelangt, so hatte mein Vater in einem Bericht an das Eupener Amtsgericht vermerkt, dass der betreffende Geschäftsmann ihm bei einem Termin gedroht hatte, worauf dieser zu einer Geldstrafe verurteilt wurde.

Als Hubert Mießen entlastende Aussagen sind u. a. folgende vorhanden:
- Er sei stets ein „guter Patriot" gewesen, so ein ehemaliger Eupener Richter
- Er sei ein vorbildlicher Soldat gewesen, so ein belgischer Kommandant
- Er sei alles andere als ein Nazi gewesen, so einige Eupener Bürger
- Er habe ihrem Mann 1941 über die Grenze nach Belgien verholfen, so eine Frau aus Lüttich
- Er habe in Versailles die BBC gehört und dafür gesorgt, dass Ostbelgier nicht gefährlichen Kommandos zugeteilt wurden, so ein Kriegskamerad aus Malmedy

Am 23. Mai 1946 kann Hubert Mießen das Gefängnis verlassen: *provisoirement*, wie es hieß. Doch nach Hause darf er vorerst nicht. Während 6 Monaten ist ihm das Betreten des Eupener Stadtgebiets untersagt. Er zieht zu einem Onkel im altbelgischen Homburg und hilft in der Landwirtschaft. Ende November zurück in Eupen, ist er zuerst arbeitslos, findet jedoch ab Juli

1947 eine Stelle als Arbeiter in der Wollwäscherei Despa in Goé bei Verviers.

In diese Zeit fällt auch seine sogenannte *Déchéance de nationalité*, d. h. ihm wird die belgische Staatsangehörigkeit aberkannt. Diese Maßnahme erfolgte außerhalb des Gerichtsverfahrens und fand statt aufgrund eines Gesetzeserlasses, den die Brüsseler Regierung im Mai 1945 speziell für die Ostkantone vorgesehen hatte. Bis Oktober 1947 waren von diesem – schon damals in Justizkreisen umstrittenen – Vorgehen über 1.300 Ostbelgier betroffen.[8] Die Aberkennungen wurden im Staatsblatt veröffentlicht und galten automatisch auch für die Ehefrau und die minderjährigen Kinder des Betroffenen, denen jedoch die Möglichkeit geboten wurde, für Belgien zu optieren.

Während meine Mutter auf Anraten meines Vaters für Belgien optierte (was mit mir geschah, habe ich nicht ermitteln können ...), legte mein Vater sofort Berufung ein. Dies hatte zur Folge, dass Ende Dezember 1946 am Hause Mießen sowie am Eupener Rathaus ein Plakat angebracht wurde, auf dem der Prokurator des Königs die Bevölkerung von dem Einspruch in Kenntnis setzte und darum bat, dass – im Hinblick auf eine Untersuchung – ein jeder, der zu Hubert Mießen „Bemerkungen, Auskünfte oder Einwendungen" zu machen hatte, ihm dies mitteile.

Offenbar war es nicht viel Schlimmes, das daraufhin gemeldet wurde, denn am 2. Juli 1948 erhielt Hubert Mießen per Urteil des Gerichts Erster Instanz in Verviers seine belgische Staatsangehörigkeit wieder. Eine weitere Maßnahme, die seitens des belgischen Staates gegen Hubert Mießen im Dezember 1946 ergriffen

---

[8] K. G. [Kurt Grünebaum]: Ministerielle Auskünfte über Ergänzungsschulen und Aberkennung der Staatsangehörigkeit, in: Grenz-Echo, 18.10.1947, S. 1.

wurde, war die Sequestration d. h. die Zwangsverwaltung seines Vermögens durch den Staat. Sie wurde trotz wiederholter Einsprüche erst im Dezember 1952 aufgehoben.[9]

Urteil

Die Gerichtsverhandlung in der Sache Hubert Mießen fand statt am 2. Mai 1947 vor der 3. französischen Kammer des Kriegsgerichts in Eupen. Den Vorsitz führte ein ziviler Richter; Beisitzer waren ein Major und ein Leutnant. Die Verteidigung hatten die Rechtsanwälte René Wankenne und der bereits erwähnte Pierre Van Werveke übernommen.

Die von der Staatsanwaltschaft – d. h. in diesem Falle vom Militärauditor – vorgetragene Anklage enthält im Wesentlichen folgende Punkte:

1. [Le prévenu ... a] participé à la transformation par l'ennemi d'institutions ou organisations légales, ébranlé en temps de guerre la fidélité des citoyens envers le Roi et l'Etat, ou méchamment servi la politique ou les desseins de l'ennemi, [...] sciemment dirigé, pratiqué [...], provoqué, aidé ou favorisé une propagande dirigée contre la résistance à l'ennemi ou à ses alliés [...] 2. [...] méchamment par la dénonciation [...] exposé une personne [...] aux recherches, poursuites ou rigueurs de l'ennemi [...].[10]

Auch macht der Militärauditor zu jedem Punkt die Feststellung: *Avec la circonstance qu'étant militaire belge, il s'est ainsi rendu coupable de trahison.*[11]

---

[9] S. Mitteilung über die „Sequesteraufhebung" in: Grenz-Echo, 6.1.1953, S. 3.

[10] Übersetzung: 1. [Der Beschuldigte ... hat] teilgenommen an der Umgestaltung durch den Feind von rechtmäßigen Institutionen oder Organisationen, in Kriegszeiten die Treue der Bürger zu König und Staat erschüttert oder bösartig der Politik oder den Absichten des Feindes gedient, [...] wissentlich Propaganda gegen den Widerstand gegen den Feind oder dessen Verbündete geleitet, betrieben [...], provoziert, unterstützt oder begünstigt [...] 2. [...] bösartig durch Denunziation [...] eine Person [...] den Ermittlungen [des Feindes], der Verfolgung [durch den Feind] oder der Unerbittlichkeit des Feindes [...] ausgesetzt.

[11] Übersetzung: Hinzu kommt der Umstand, dass er – als belgischer Soldat – sich somit des Landesverrats schuldig gemacht hat.

Letztendlich verurteilte das Gericht Hubert Mießen zu fünf Jahren gewöhnlicher Haftstrafe sowie zur Zahlung der Gerichtskosten. Die Anklage der Denunziation[12] hatte der Richter nicht gelten lassen. Die Verurteilung erfolgte aufgrund der Artikel 118 bis und 123 sexies des Strafgesetzbuches sowie der Artikel 15 und 16 des Militärstrafgesetzbuches. Artikel 123 sexies bedeutete für Hubert Mießen die lebenslange Aberkennung von – u. a. – des Wahl- und Wählbarkeitsrechts; des Rechts, als Rechtsanwalt tätig zu sein; des Rechts, Leiter einer politischen Vereinigung zu sein. Aufgrund der besagten Artikel des Militärstrafgesetzbuches ordnete das Gericht Hubert Mießens Degradierung an.[13] Der Forderung der Anklage, den Verurteilten sofort festzunehmen, entsprach das Gericht nicht. Es bestehe keine Fluchtgefahr. Außerdem waren dem Verurteilten wegen seiner früheren Unbescholtenheit mildernde Umstände zugestanden worden.

Insgesamt kamen in den ersten Nachkriegsjahren in Ostbelgien 1.503 solcher Urteile zustande.[14] Die meisten fielen milder, einige härter aus. Einspruch gegen das Urteil hat Hubert Mießen nicht eingelegt.

Gefängnis

Am 15. Mai 1948 – ein Jahr nach der Urteilsverkündung – tritt Hubert Mießen seinen zweiten Aufenthalt im Vervierser Gefängnis an.

Eine genaue Beschreibung der Haftbedingungen und des Alltags der zahlreichen Ostbelgier, die zu dieser Zeit die Anstalt an der Chaussée de Heusy bevölkerten, ist nicht möglich. Im Archiv des Gefängnisses ist dazu

---

[12] Im Grenz-Echo, das damals alle Gerichtsurteile dieser Art bekanntgab, ist jedoch irrtümlich auch Denunziation als Grund für die Verurteilung angegeben (Vor dem Eupener Kriegsgericht, in: Grenz-Echo, 3.5.1947, S. 3).

[13] Auch wurde die „Konfiskation aller Waffen, Munition oder anderer Gegenstände, die zum Verstoß gegen das Gesetz gedient haben oder dazu bestimmt waren", verfügt ...

[14] Freddy Cremer/Werner Mießen (Hg.): Spuren. Materialien zur Geschichte der Deutschsprachigen Gemeinschaft Belgiens, Eupen 1995, Beiheft, S. 24.

nichts mehr vorhanden, und die wenigen Berichte von ehemaligen Insassen liefern nur Bruchstücke.

Im Jahre 1948 – so ist bei Carlo Lejeune zu lesen[15] – müssen die Zustände im Vergleich zu denen, die Ende 1944 bis Mitte 1945 dort herrschten, „normal" gewesen sein. Was meinen Vater betrifft, so konnte ich aus den Briefen, die er in Verviers meiner Mutter geschrieben hat, u. a. in Erfahrung bringen, dass er wegen guter Führung zuweilen das Gefängnis verlassen durfte und am Flugplatz von Spa bei Erdarbeiten eingesetzt wurde; dass er die *Libre Belgique* las, um politisch auf dem Laufenden zu bleiben; dass er Englisch lernte, Fußball spielte und in der Karwoche an „Osterexerzitien" teilnahm. Auch erzählte mir jemand, dass Hubert Mießen im Gefängnis von seinen ostbelgischen Mithäftlingen als anerkannte „Informations- und Beratungsstelle in Rechtsfragen" beansprucht wurde.

Familiengeschichte

Ich selbst – das mag erstaunen – behalte diese Zeit in gar nicht so schlechter Erinnerung.[16] Denn wenn es hieß, mit der Mutter den Papa in Verviers zu besuchen – das war, wie ich heute weiß, am 2. und 4. Dienstag des Monats, für jeweils eine halbe Stunde –, kam mir die Reise mit der Straßenbahn stets wie eine spannende Expedition vor. Außerdem durfte ich mir dann manchmal im *Grand Bazar* ein Spielzeug aussuchen. Dass es sich bei dem Ort, wo wir den Vater trafen, um eine Stätte handelte, an der sich ein Mensch besser nicht befinden sollte, wurde mir nicht bewusst. Umso mehr, da wir „auf Heusy" – der Begriff „Gefängnis" war offenbar bei allen Betroffenen tabu – manchen anderen

---

[15] Carlo Lejeune/Klaus-Dieter Klauser: Die Säuberung, Bd. 3, 2008, S. 210-220.

[16] Weiteres zu meinen Erfahrungen mit der „Säuberung" in: 6. Fallbeschreibung, in: Carlo Lejeune/Klaus-Dieter Klauser: Die Säuberung, Bd. 3, 2008, S. 295-298.

Eupener Müttern und Kindern begegneten, die denselben Ausflug unternommen hatten. „Traumatisierend" sind diese Besuche für mich jedenfalls nicht gewesen. Meinem Vater und meiner Mutter wird es dabei wohl anders ergangen sein.

Die Geschichte der „Säuberung" ist immer auch Familiengeschichte.

In unserem Falle war es vor allem meine Mutter, die damals wie mein Vater – gelinde gesagt – nicht zu beneiden war.

Meist allein erziehend – im Mai 1947, eine Woche nach der zweiten Verhaftung meines Vaters, kam mein Bruder Walter zur Welt – und ohne Arbeitsstelle, erhielt sie anfangs keinerlei staatliche Hilfe und war auf die Unterstützung ihrer Eltern und Schwiegereltern angewiesen.

Während der Zeit, als er in der Wollwäscherei arbeitete, erhielt mein Vater einen Wochenlohn von 587 Franken. Zum Vergleich: Der Antrag auf Einspruch gegen die Aberkennung der Staatsangehörigkeit kostete 600, die Prozedur der Option für Belgien 400 Franken. Außerdem wurde aufgrund der Sequestration das Vermögen des Hubert Mießen zwangsverwaltet. Hatte meine Mutter größere Ausgaben zu tätigen, zu denen sie selbst nicht imstande war, konnte sie dies nur über den vom Staat bestimmten Vermögensverwalter, einen Notar in Dison.

Interventionen

Schon einige Tage nach seiner Verurteilung hatte Hubert Mießen bei Prinzregent Charles ein Gnadengesuch eingereicht; dieses blieb jedoch ohne Folge.

Auch die Eingaben seitens seiner Frau und seiner

Hubert Mießen – eine ostbelgische Biographie im 20. Jahrhundert

Rechtsanwälte sowie die Interventionen ostbelgischer Parlamentarier konnten anfangs nichts bewirken.

Trotz eines *Avis favorable* der Gefängnisdirektion kam für den Generalauditor in Brüssel anscheinend eine vorzeitige Freilassung nicht in Frage. Der Auditor – so mutmaßten die Anwälte – habe sich Hubert Mießen herausgegriffen, um an einem Intellektuellen ein Exempel zu statuieren.

Dann nahmen die Bemühungen um die Freilassung von Hubert Mießen zu. Eine Dame aus Brüssels besten Kreisen schrieb an Königin Elisabeth; der Löwener Bürgermeister Smets, ein Studienfreund meines Vaters, wandte sich an Premierminister Eyskens. Besonders Mitglieder der Vervierser Anwaltschaft bekundeten ihre Bereitschaft, alle möglichen Hebel in Bewegung zu setzen. Liest man ihre Briefe an meinen Vater oder an Dritte, so scheint es, als ob sich gewisse von ihnen durch die missliche Lage ihres ehemaligen Berufskollegen geradezu herausgefordert fühlten.

So schreibt ein Anwalt an die Justizbehörde: *Cet ancien avocat est actuellement occupé [...] avec pelle et pioche à la réfection des routes. Il faut avouer que c'est lamentable [...]*[17] Oder ein anderer an den Vorsitzenden der Anwaltskammer: *Miessen est un garçon absolument inoffensif [...] qui n'a que des bêtises à se reprocher. [...] À Eupen, personne ne comprend pour quelle raison cet homme est toujours détenu alors que d'authentiques collaborateurs se trouvent en liberté depuis bien longtemps.*[18] In einem Brief heißt es gar pathetisch: *Bon courage, cher collègue, nous te sortirons de là! [...] Sursum corda!*[19]

---

[17] Übersetzung: Zur Zeit ist dieser ehemalige Rechtsanwalt damit beschäftigt [...], mit Schaufel und Hacke Straßen zu reparieren. Man muss zugeben, dass das erbärmlich ist.

[18] Übersetzung: Miessen ist ein absolut harmloser Junge [...], der sich nur Dummheiten vorzuwerfen hat. [...] In Eupen versteht niemand, aus welchem Grund dieser Mensch immer noch inhaftiert ist, während echte Kollaborateure seit langem in Freiheit sind.

[19] Privatarchiv. Übersetzung: Nur Mut, lieber Kollege, wir holen Dich da raus! [...]

Interessant und nicht ohne Witz ist in diesem Zusammenhang ein Brief von Pierre Van Werveke, dem Hauptverteidiger Hubert Mießens und inzwischen Anwalt am Appellationshof in Brüssel. Auf die Frage meines Vaters, wie hoch denn sein Honorar ausfallen werde, antwortet Van Werveke: *Payez moi ce que je vous ai payé lorsque j'étais en prison à Aix-la-Chapelle – et nous serons quittes.*[20]

Bewährung

Am 18. Mai 1950 wird Hubert Mießen aus dem Vervierser Gefängnis „bedingt" entlassen. „Bedingt" – das bedeutet u. a., dass er sich während einer bestimmten Zeit noch bewähren muss. Auch der Vormund – ein altbelgischer Hauptlehrer –, den das Gericht ihm nach seiner Verurteilung zugewiesen hatte, bleibt in Funktion.

Doch um nach Hause gehen zu können, muss ihm zuerst noch die Genehmigung zum Betreten des Eupener Stadtgebiets erteilt werden. Dies geschieht – dank einer Intervention des Kelmiser christlich-sozialen Abgeordneten Peter Kofferschläger – sehr schnell.

Am 21. Juli – vielsagender oder vielleicht komischer Weise am belgischen Nationalfeiertag – ist Hubert Mießen wieder in Eupen.

Er findet eine Anstellung als Notariatssekretär und wird diesen Beruf bis zu seiner Pensionierung ausüben. Wie vorher Rechtsanwalt zu sein ist ihm nicht erlaubt, denn es fehlen ihm noch seine bürgerlichen und politischen Rechte, die ihm 1947 aberkannt worden waren. Sowieso – vom Gefängnis aus hatte er bereits die Hälfte seiner Juristen-Bibliothek verkauft.

Die Aberkennung der bürgerlichen und politischen

---

[20] Übersetzung: Zahlen Sie mir, was ich Ihnen gezahlt habe, als ich im Gefängnis in Aachen war – dann sind wir quitt.

Rechte wurde am 2. Mai 1955, acht Jahre nach der Verurteilung, aufgehoben; zwei Jahre zuvor war nach Ende der Bewährung die endgültige Entlassung aus dem Gefängnis verfügt worden.

Verdrängung

Bestimmt kommt bei Ihnen nun die Frage auf, wie denn im Nachhinein in unserer Familie mit dieser Vergangenheit umgegangen wurde. Kurz gesagt: Das war eigentlich kein Thema. Und – dessen bin ich mir fast gewiss – in den meisten hiesigen Familien mit vergleichbarer Geschichte war es nicht anders. Wenn überhaupt mein Vater mal aus der Kriegszeit erzählte, dann kam größtenteils nur Anekdotisches zur Sprache. Von der Ostfront etwa, dass er gerne Russisch gelernt hätte, sein Wörterbuch jedoch von einer Kuh aufgefressen wurde. Oder welche Späße die englischen Wärter beim Morgenappell im Lager Knutsford machten.

Ähnlich verhält es sich übrigens in den Erinnerungen ehemaliger ostbelgischer Wehrmachtssoldaten[21], wie sie Heinrich Toussaint in den 1980er Jahren veröffentlichte. Möglicherweise Unangenehmes oder Verfängliches wird dort ausgeblendet. Auf die wesentliche Frage, wie er wohl damit fertig wurde, im Dienst eines Unrechtsstaats gestanden zu haben und an einem der mörderischsten Unternehmen der Geschichte beteiligt gewesen zu sein, geht keiner ernsthaft ein.

Wie mit der Zeit in der Wehrmacht hielt es mein Vater mit seinem Aufenthalt im Gefängnis. Viel mehr als dass – wie er ironisch meinte – die Jahre dort ihm sicher auf das Fegefeuer angerechnet würden, habe ich dazu von ihm nie gehört.

---

[21] Heinrich Toussaint: Verlorene Jahre. Schicksale einer Kriegsgeneration im Grenzland, Eupen 1987.

Werner Mießen

Die Ursachen eines solchen Verhaltens sind bekannt: von „Verdrängung" und von „selektivem Erinnern" sprechen die Psychologen. Diese beiden Faktoren bestimmten in Ostbelgien nicht nur den Blick des Einzelnen auf seine Vergangenheit; sie kamen ebenso über Jahrzehnte in der hiesigen Geschichtsschreibung zum Ausdruck. Und bisweilen dauert diese Sicht der Dinge an.

Aber – so könnten Sie einwenden – wenn Hubert Mießen von sich aus nichts preisgab, so hätten ihn seine Kinder doch fragen können. In der Tat. Heute bedauere ich, das nicht getan zu haben.[22] Das wären interessante Gespräche gewesen. Zumal mein Großvater mütterlicherseits, der bei uns wohnte, mancherlei Wissenswertes hätte dazu beisteuern können. Opa Hein, ehemaliger Kavallerist des Kaisers, war vor dem Krieg aktiver Sozialist und – wie ich erst kürzlich erfuhr – sollte im September 1944 wegen staatsfeindlicher Handlungen in ein KZ abtransportiert werden. Er tauchte dann unter und wurde nach dem Einmarsch der Amerikaner – kaum zu glauben! – ... Aufseher im Eupener Internierungslager.

Eindruck

Betrachtet man das Bild, das der Ostbelgier oft von seiner Geschichte in der ersten Hälfte des 20. Jahrhunderts vermittelt, so hat man den Eindruck, dass er sich darin vorwiegend in der Rolle eines Opfers gefällt. Der Ostbelgier wäre demnach der Bemitleidenswerte, der 1920 sein Vaterland verlor, im Zweiten Weltkrieg in Hitlers Armee gezwungen wurde und danach in Belgien kein Verständnis fand.

---

[22] Zu meiner Entschuldigung sei bemerkt, dass auch die Schule mich zu solchen Fragen wohl kaum angeregt hätte. Denn Regionalgeschichte – wenn sie denn überhaupt gelegentlich behandelt wurde – ging damals nicht über die Eupener Tuchindustrie im 18. Jahrhundert hinaus; das Wissen um die jüngere Vergangenheit wurde uns Jugendlichen – offenbar ganz nach dem Sinne unserer Eltern – tunlichst vorenthalten.

Soweit ich mich erinnere, habe ich bei meinem Vater eine solche Haltung nie feststellen können. Demgemäß äußerte er auch keinerlei Groll gegen Deutschland oder Belgien. Einige gute Gründe dafür hätte er ja gehabt. Er muss diese Dinge – zumindest sofern sie ihn selbst betrafen – wahrscheinlich anders gesehen haben. Auf jeden Fall mit einem gewissen Abstand. Möglicherweise war Hubert Mießen ein Stoiker.

So habe ich denn – ich hoffe, ganz im Sinne meines Vaters – in meiner Darstellung auf dramatisierende Formulierungen wie „schmerzliche Zeit", „böses Schicksal" oder „hartes Los" bewusst verzichtet.

Erstaunen

Für den 12. Oktober 1958 waren in Belgien Wahlen zu den Gemeinderäten angesagt. Als in Eupen die Christlich-Soziale Partei (CSP) ihre 13 Kandidaten bekannt gibt, wird selbst unter den politisch nicht Interessierten manch einer gestaunt haben: auf Platz 8 steht der Angestellte Hubert Mießen.

Das Erstaunen war verständlich. Denn gehörte der Kandidat nicht zu denen, die – wie man es damals in Ostbelgien formulierte – „nach dem Krieg Schwierigkeiten gehabt" und „gesessen" hatten? Zu den einstigen *Inciviques*, von denen es hieß, dass sie sich 1945 geschworen hatten, nicht mal mehr im Kindheit-Jesu-Verein mitzumachen? Und hatte der Spitzenkandidat der Liste, Bürgermeister Hugo Zimmermann,[23] nicht noch 13 Jahre zuvor in der Zeit der „Säuberung" in der Presse[24] und auf Plakaten[25] zur Denunziation aller Mitbürger aufgerufen, die sich während des Krieges etwas hatten zuschulden kommen lassen und demnach „für

---

[23] Zu Hugo Zimmermanns politischer Rolle in der Nachkriegszeit s. Carlo Lejeune: Die Säuberung, Bd. 1 u. 2, 2005 u. 2007, passim u. ders.: Die Eupener Bürgermeisterfrage von 1952, in: Karel Velle/Claude de Moreau de Gerbehaye/Els Herrebout (Red.): Liber Amicorum Alfred Minke, Brüssel 2011, S. 233-240.

[24] Aufruf!, in: Grenz-Echo, 5.7.1945, S. 1; 7.7.1945, S. 1; 10.7.1945, S. 2.

[25] Abb. eines Plakats s. Carlo Lejeune: Die Säuberung, Bd. 1, 2005, S. 152.

den schlechten Ruf unserer Vaterstadt mitverantwortlich [...] und für den weiteren ungestörten nationalen Aufbau [...] eine gewisse Gefahr bedeuten [könnten]"?

Der Grund für die Nominierung Hubert Mießens wurde einem jeden schnell klar und ist auch in den parteiinternen Dokumenten aus diesen Jahren nachzulesen.

Mit der Kandidatur eines ehemaligen sogenannten „Unbürgerlichen" wollte sich die CSP die Stimmen der Wähler sichern, die wegen ihrer unangenehmen Erfahrungen in der Nachkriegszeit von Politik nichts mehr wissen wollten und bisher stets weiß oder ungültig gewählt hatten.

Die Rechnung der CSP ging auf. Bei der Wahl erzielte Hubert Mießen das beste Eupener Ergebnis: über 1.200 Vorzugsstimmen. Dieses Resultat erscheint gar außergewöhnlich, wenn man u. a. bedenkt, dass der seinerzeit mächtigste Meinungsmacher Ostbelgiens, der Chefredakteur des „Grenz-Echos", Henri Michel, vor den Wahlen mit Nachdruck empfohlen hatte, christlich, aber unbedingt per Kopfstimme zu wählen.[26]

Hugo Zimmermann – der seit 1928 von der Regierung eingesetzter Amtsbürgermeister gewesen war und sich 1958 erstmals zur Wahl stellte – brachte es auf 879 Vorzugsstimmen.

Verzicht

Als am 5. Januar 1959 der neue Stadtrat zusammentritt, um die Wahl des Bürgermeister- und Schöffenkollegiums vorzunehmen, verzichtet Hubert Mießen überraschenderweise auf das Amt als Schöffe, das die CSP ihm zugedacht hatte, und überlässt diese Funk-

---

[26] Henri Michel: Kopfstimmen oder Vorzugsstimmen?, in: Grenz-Echo, 4.10.1958, S. 1.

tion seinem Fraktionskollegen, dem kaufmännischen Direktor Jean-Jacques Lechat.[27]

Die Ursache dieses Verzichts wird bald bekannt: Vornehmlich Hugo Zimmermann – der das Bürgermeisteramt behält – hegte gegen die Ernennung von Hubert Mießen Bedenken und hatte vorgeschlagen, dieser solle zuerst das Ende seines Rehabilitierungsverfahrens abwarten, bis er – man dachte an einige Monate – dann Lechats Nachfolger werden könne.

Den Antrag auf Rehabilitierung hatte Hubert Mießen Anfang Dezember 1958 beim Prokurator des Königs eingereicht. Dieser Antrag wurde jedoch – wie auch ein folgender im Oktober 1964 – abgelehnt. Seine Rehabilitierung erhielt Hubert Mießen erst – nach dem 3. Antrag – im Dezember 1969.

Weil sich bald herausstellt, dass die Rehabilitierung doch nicht so problemlos ist wie angenommen, wird innerhalb der Eupener CSP der Widerstand gegen Hubert Mießens Schöffenamt stärker. Aber die übergeordneten Parteiinstanzen, die mittlerweile eingeschaltet wurden, raten eindringlich zur Ernennung. In ihren Augen war die Angelegenheit von größerer als nur lokaler Bedeutung. In einem Schreiben[28] des Präsidenten des CSP-Bezirksvorstands an den Eupener Lokalvorstand heißt es: *Du point de vue ‚belge', ne pas nommer M. Miessen [...] serait peut-être l'occasion pour certains de reconstituer un parti pro-allemand et servirait de prétexte pour rallier les mécontents.*[29]

Paradebeispiel

Am 12. Oktober 1959 kommt es im Eupener Rathaus zu einem Ereignis, das Freddy Cremer als

---

[27] J. Ge. [Joseph Gerckens]: Die erste Sitzung des Eupener Stadtparlaments, in: Grenz-Echo, 6.1.1959, S. 3.

[28] Privatarchiv.

[29] Übersetzung: Vom 'belgischen' Standpunkt aus wäre die Nichternennung von Herrn Miessen [...] vielleicht für gewisse die Gelegenheit, eine prodeutsche Partei wiederzugründen, und würde als Vorwand dienen, die Unzufriedenen zu sammeln.

„Paradebeispiel verdrängter, unverarbeiteter ostbelgischer Geschichte" bezeichnet.[30]

Schöffe Lechat tritt zurück und Hubert Mießen soll dessen Amt übernehmen.

Vor der Vereidigung gibt der Fraktionsvorsitzende der CSP, Karl Willems, eine Erklärung ab, in der er zuerst die fachliche Eignung des Kandidaten hervorhebt, um dann fortzufahren: „Als die Eupener Wählerschaft [...] weit mehr als die Hälfte aller abgegebenen Wahlstimmen auf unsere Liste vereinigte, wollte sie insbesondere in ihrer überwiegenden Mehrheit [...] den Willen bekunden [...], einen endgültigen Schlussstrich zu ziehen unter Dinge, die auf eine allgemeine Landes-Jurisprudenz der ersten Nachkriegszeit zurückzuführen sind [...]" Und weiter heißt es: „So also wünscht und hofft unsere CSP-Fraktion in Respektierung des Willens ihrer Wählerschaft unter gleichzeitigem Hinweis auf ihre traditionelle belgisch-nationale Einstellung und Arbeit, dass mit einer zudem im vollen Einvernehmen mit unserer CSP-Landespartei und damit in Übereinstimmung mit weitesten Kreisen im Innern des Landes erfolgenden Wahl des Herrn Miessen [...] die gute Zusammenarbeit in allen wesentlichen praktischen landespolitischen Fragen auf eine neue, breiteste Grundlage gestellt und eigentlich der Schlussstein zu einer echten und vollkommen belgisch-nationalen Assimilierung der Ostkantone gelegt wird. Das ist in kurzen Zügen gleichsam der tiefere wahre Sinn dieses unseres Schöffenvorschlags [...]"

Der Stadtverordnete Paul Franck von der oppositionellen Christlichen Unabhängigen Liste der Gemeindeinteressen, der den Stadtverordneten Joseph

---

[30] Freddy Cremer: Annexion, Assimilation, Autonomie, III. Teil, S. 10. Die damalige Presseberichterstattung s. J. Ge. [Joseph Gerckens]: Weitere mehr als zweistündige Sitzung des Eupener Stadtrats, in: Grenz-Echo, 13.10.1959, S. 4-5.

Bartholemy als Schöffe vorschlägt, warnt den Stadtrat, dass einem Schöffen Mießen „in Brüssel manche Türen verschlossen" blieben.

Zu guter Letzt der Schöffenkandidat Joseph Bartholemy, der für seinen Auftritt demonstrativ das Bürgerliche Verdienstkreuz 1. Klasse angelegt hat: Die für Dr. Miessen abgegebenen Stimmen seien die der Ewig-Gestrigen; man müsse auch mit der Mentalität im Innern des Landes rechnen. Und wörtlich: „Wenn wir Dr. Miessen wählen, stärken wir die Gruppe von 1.200 Mann, von der wir wissen, dass sie schon wieder in Bonn waren und dass sie noch immer nichts hinzugelernt haben."

Es wird zur Wahl geschritten: Hubert Mießen wird mit 7 Stimmen gegen 6 der Opposition zum Schöffen gewählt.

Nach seiner Vereidigung – während der die Opposition den Saal verlassen hatte – verspricht Hubert Mießen – den spätestens hier seine Vergangenheit eingeholt hat –, er werde sich nach besten Kräften bemühen, „durch loyale Zusammenarbeit mit allen Landesbehörden [...] zum nationalen Frieden und zur Verständigung in [seiner] Vaterstadt beizutragen".

Während nach dieser denkwürdigen Sitzung in einigen Blättern der Inlandspresse von *incidents graves* und *scandale à Eupen* zu lesen ist, berichtet das „Grenz-Echo" von dem Geschehen sehr sachlich und Henri Michel tut kund, dass er der Tätigkeit des neuen Schöffen, der nunmehr nach vielen „Irrungen und Wirrungen" „ein gereifter Mann geworden" sei, „ohne jede Voreingenommenheit und mit Interesse" entgegensehe.[31]

---

[31] Henri Michel: Ein neuer Schöffe!, in: Grenz-Echo, 16.10.1959, S. 1.

Affäre

Am 8. April 1964 verstirbt Bürgermeister Hugo Zimmermann. Hubert Mießen, der mittlerweile wegen des Ausscheidens seines Schöffenkollegen Dr. Leopold Nyssen zum Ersten Schöffen aufgerückt war, wird diensttuender Bürgermeister. Da die nächsten Kommunalwahlen kurz bevorstehen, ist von der Ernennung eines Nachfolgers für Zimmermann abgesehen worden.

Die Wahlen vom 11. Oktober 1964 brachten in Eupen folgendes Ergebnis: Die CSP erhielt 10 – und gewann damit einen Sitz hinzu –, die Sozialistische Partei 2 Sitze; die christlich-unabhängige Liste Franck holte 1 Sitz.

Grund für die Zugewinne der Christlich-Sozialen war zweifelsohne nicht zuletzt das gute Abschneiden ihres Spitzenkandidaten Hubert Mießen, der in der Wahlwerbung bezeichnenderweise als „Mann des Ausgleichs" vorgestellt worden war und im Vergleich zu 1958 die Zahl seiner Vorzugsstimmen nochmals erheblich gesteigert hatte.

Auf der ersten Stadtratssitzung im Januar 1965 wird Hubert Mießen dann mit 12 von 13 Stimmen – also auch mit Unterstützung der Opposition – zum Ersten Schöffen gewählt.

Schon im Vorhinein hatte ihn die CSP-Fraktion bei der Lütticher Provinzialregierung für das Bürgermeisteramt vorgeschlagen. Doch die Ernennung lässt auf sich warten und es beginnt, was man seitdem die „Eupener Bürgermeisterfrage" oder die „Affäre Mießen" nennt.

Wie bereits sechs Jahre zuvor – als es galt, Hubert Mießens Schöffen-Kandidatur durchzusetzen – werden seitens der CSP, aber auch von anderen, nicht-politischen Organisationen sowie von Privatpersonen alle möglichen Schritte unternommen, um die Sache voranzutreiben. Vor allem den Innenminister – den Christlich-Sozialen Arthur Gilson –, der letztendlich für die Ernennung zuständig ist, gilt es zu überzeugen.

Wichtiger Aspekt bei den vorgebrachten Argumenten war offenbar wiederum die Sorge um die Aussöhnung eines Teils der ostbelgischen Bevölkerung mit dem belgischen Staat. So meint der Präsident des Vervierser Arrondissement-Komitees der CSP, Edmond Jamar de Bolzée, in einer *Attestation*[32] vom 19. Februar 1965: *Cette tâche [à reconstituer un sentiment public favorable à la Belgique] pourrait se trouver compromise par un geste qui serait interprété par une grande partie des Cantons comme le sentiment d'une rancoeur à leur égard ; et nul ne doute que, dans ce cas, beaucoup renonceraient à poursuivre une politique de rapprochement des esprits.*[33]

Gegner der Ernennung Hubert Mießens gab es natürlich auch. Wie aus den Quellen hervorgeht, muss es sich dabei zuerst um vereinzelte Personen aus den Kreisen der *Prisonniers Politiques*[34] und später auch aus den Reihen der Eupener CSP gehandelt haben.

Interessant ist die Haltung, die Henri Michel, einflussreiches CSP-Mitglied und einer der prominentesten *Prisonniers Politiques* Ostbelgiens, in der „Bürgermeisterfrage" einnahm.

In seinen Leitartikeln spricht sich Henri Michel – der immerhin in der ersten Zeit nach seiner Rückkehr aus dem KZ eine konsequente politische „Säuberung" Ost-

---

[32] Privatarchiv.

[33] Übersetzung: Diese Aufgabe [bei der Öffentlichkeit belgienfreundliche Gefühle wiederherzustellen] könnte durch eine Handlung, die von einem großen Teil der [Menschen der Ost-] Kantone als Groll ihnen gegenüber verstanden würde, gefährdet werden; und niemand zweifelt daran, dass in diesem Falle viele darauf verzichten würden, eine Politik der Versöhnung der Gemüter fortzusetzen.

[34] D. h. die während des NS-Regimes aus politischen Gründen Inhaftierten. Im Volksmund wurden sie die „PP" genannt.

belgiens befürwortet hatte[35], in der Folge allerdings stets zu mehr Verständnis aufrief – unmissverständlich für die Ernennung Hubert Mießens aus: der Kandidat habe sich bewährt und die Mehrheit der Bevölkerung wünsche ihn sich als Bürgermeister.[36] Nach den Parlamentswahlen von Mai 1965 ist Michel der Meinung, dass „die übermäßig hohe Zahl der [...] in den Ostkantonen abgegebenen ungültigen und weißen Stimmzettel [...] ganz ohne Zweifel [...] auf die noch immer nicht erfolgte Ernennung des Eupener Stadtoberhauptes zurückzuführen [sei]"[37]. Und als im September 1965 der neue Innenminister – der flämische Sozialist Alfons Vranckx – die Ostkantone besucht, schreibt Henri Michel: „S. E. dem Herrn Innenminister Dr. Vranckx gestatten wir uns [...] mit Ehrerbietung und Bestimmtheit zu sagen, dass die Eupener Bürger und Bürgerinnen in ihrer überwiegenden Mehrheit nicht verstehen können, dass die Ernennung des Eupener Stadtoberhauptes so lange auf sich warten lässt."[38] Herausfordernd unterzeichnet er den Artikel mit seiner *Prisonnier Politique*-Stammnummer.

Schandfleck

Kurz darauf wird die Entscheidung des Innenministers im Eupener Rathaus bekannt. Den Lütticher Provinzgouverneur hat er wissen lassen, „dass [er] der Invorschlagbringung von Bürgermeister-Kandidaten, die Gegenstand einer entehrenden Verurteilung

---

[35] „Alle offenen und geheimen Gegner unseres Vaterlandes sind grundsätzlich von allen denjenigen Stellen des öffentlichen Lebens auszuschließen, an denen auch nur die geringste Möglichkeit besteht, unserem Volksganzen Schaden zuzufügen. [...] Den öffentlichen Verwaltungen, Kirche und Schule nicht ausgenommen, dem Vereinswesen, der Musik und dem Sport, Handel und Wirtschaft hat die ganze Aufmerksamkeit aller aufrechten Belgier zu gelten, um alle Belasteten und Schuldigen zu beseitigen und denjenigen die Arbeit am Aufbau unserer Heimat zu erleichtern, die auch in schwerster Zeit in unverbrüchlicher Treue zu ihr standen und um ihre vaterländisch belgische Gesinnung gelitten haben." Henri Michel in seinem ersten Leitartikel nach dem Kriege. (Fünf Jahre später ..., in: Grenz-Echo, 31.5.1945, S. 1)

[36] Henri Michel: Wann erhält Eupen seinen Bürgermeister?, in: Grenz-Echo, 12.3.1965, S. 1-2.

[37] Henri Michel: Lehren und Schlussfolgerungen einer Wahl, in: Grenz-Echo, 28.5.1965, S. 1.

[38] Henri Michel: Vor einem Ministerbesuch, in: Grenz-Echo, 3.9.1965, S. 1.

[waren], nicht stattgeben werde". Darunter verstehe er „Verurteilungen, die zweifelsohne für den Verurteilten einen Schandfleck bilden"[39]. Worauf Gouverneur Clerdent darum bittet, ihm „schnellstens die Ernennungsvorschläge für die Bürgermeisterstelle der Stadt Eupen unter Beobachtung der besagten Vorschriften zukommen [zu lassen]".

Nun steht also fest, dass Hubert Mießen nicht Bürgermeister werden kann. Der fatale Fleck aus den 1940er Jahren ist noch zu frisch.

Nicht nur in Eupen ist – den Leserbriefen im „Grenz-Echo" nach zu urteilen – die Entrüstung groß.

Doch dann nimmt die Angelegenheit eine Entwicklung, die für die in Eupen bisher allmächtige CSP bittere Auswirkungen haben wird. Als es gilt, einen anderen Kandidaten für das Bürgermeisteramt zu benennen, kommt es zum Zerwürfnis: Während CSP-Vorstand und vier Mitglieder der CSP-Stadtratsfraktion sich für den Sportlehrer Kurt Ortmann entscheiden, möchten die sechs restlichen den Kaufmann Reiner Pankert zum Bürgermeister.

Die Unstimmigkeiten geraten schnell an die Öffentlichkeit und scheinen das politische Klima derart vergiftet zu haben, dass in einer Zuschrift an das „Grenz-Echo" jemand dazu aufruft, „in den Familien zu beten, dass der Friede in unserer Vaterstadt erhalten bleibe und der heilige Geist diejenigen erleuchte, welche die letzte Entscheidung zu treffen haben".[40]

Es wird nach Kompromisslösungen gesucht, zur Schlichtung bemüht man CSP-Nationalpräsident Paul Vanden Boeynants, doch die Gegensätze sind nicht aufzuheben. Schließlich – denn dies steht ja nicht einer

---

[39] Mitteilung „Betrifft: Bürgermeister-Kandidaten" aus dem Kabinett des Innenministers an den Gouverneur der Provinz Lüttich vom 10.9.1965 (Privatarchiv).

[40] Eine Mutter, die der Christlich Sozialen Partei ihr ganzes Vertrauen schenkte: Aufruf an die Mütter und Frauen Eupens!, in: Grenz-Echo, 21.10.1965, S. 4.

Werner Mießen

Partei, sondern dem Gemeinderat zu – reichen die sechs Mitglieder der CSP-Fraktion und der Stadtverordnete Franck die Kandidatur Reiner Pankerts ein, der dann auch am 7. Januar 1966 von Provinzgouverneur Clerdent vereidigt wird.[41] Hubert Mießen bleibt Erster Schöffe.

Die Gruppe um Reiner Pankert, die jetzt mit Franck die Mehrheit bildet, wird aus der CSP ausgeschlossen und nennt sich fortan „SI – Stadtinteressen". Als SI 1970 zu den Stadtratswahlen antritt, erringt die Liste 10 der insgesamt 13 Sitze.

Distanz

In den Publikationen, die sich mit unserer jüngsten Vergangenheit befassen – namentlich bei Freddy Cremer und Hubert Jenniges[42] – wird die „Affäre Mießen" als wichtige Etappe beim Aufbruch der deutschsprachigen Belgier zu mehr Eigenständigkeit dargestellt. Hier noch zu schildern, warum das so ist, würde gewiss zu weit führen.

Zu Hubert Mießens weiterer Biographie sei gesagt, dass er die Entwicklung zu Ostbelgiens Autonomie zwar mit Interesse verfolgte, sich vom regionalen politischen Geschehen jedoch fernhielt. Er begnügte sich – bis 1978 – mit der Kommunalpolitik.

Als Hubert Mießen am 25. Februar 1991 verstirbt, beschließt der Rundfunk den Nachruf mit den Worten: „So war [er] ein Exponent jener Generation, die die Folgen des inneren Konflikts aus der Verschiebung der Grenzen in der eigenen Existenz erlebte. Ohne philosophische Distanz, die ihm eigen war, hätte er an dieser Spannung zerbrechen können."[43]

---

41 HT [Heinrich Toussaint]: Ein neuer Bürgermeister, in: Grenz-Echo, 7.1.1966, S. 1-2.

42 Hubert Jenniges: Hinter ostbelgischen Kulissen. Stationen auf dem Weg zur Autonomie des deutschen Sprachgebiets in Belgien (1968-1972), Eupen 2001, S. 80-87.

43 Peter Thomas in der Sendung „BRF-Aktuell" des Belgischen Rundfunks vom 25.2.1991. Eine ähnliche Einschätzung im Grenz-Echo. S. Freddy Derwahl: Das Schmunzeln des Unpolitischen. Zum Tode des Eupener Ehrenschöffen Dr. Hubert Mießen, 26.2.1991, S. 7.

Verzeichnis der Orts- und Personennamen

A

Aachen 15, 77, 81, 89, 129, 150, 151, 159, 169
Afghanistan 27
Albanien 104
Albert I., König der Belgier..76, 79, 85, 91
Antwerpen 81, 82, 115
Armenien..41
Atatürk, Kemal 48
Australien 36, 41

B

Bainville, Jacques..88
Balace, Francis..18
Balfour, Arthur 83, 87
Baltia, Herman 125, 131, 132, 139
Baltikum..55, 109, 110
Bartholemy, Joseph..185
Baudouin I., König der Belgier..154
Bauer, Gustav 63
Beck, Armin 129
Belgien 7, 9, 12, 13, 15, 16, 18, 19, 21, 58, 73-83, 85-89,
91-95, 97, 99-103, 114, 115, 125-127, 129-131,
133-135, 137, 138, 140, 143, 156, 161, 162,
165-168, 171, 172, 176, 180, 181
Bell, Johannes...63
Berkeley..25
Bethmann-Hollweg, Theobald 81
Beyen, Marnix 160
Bitburg 76, 77
Böhmen 105
Bonn..78, 149-151, 168, 185
Botha 82
Brasschaat 94
Brest-Litowsk (Friede von)..55, 58, 109, 110
Brockdorff-Rantzau, Ulrich Graf von 61, 63, 64, 101

Verzeichnis der Orts-
und Personennamen

Brocqueville, Charles de 80
Brüll, Christoph 9, 15, 20, 145
Brüssel 9, 13, 78, 79, 84, 91, 114, 119, 136, 149,
          160, 161, 166, 167, 170, 172, 177, 178
Bulgarien 103, 104, 122
Busatti, Ricci 84

C

Calic Marie-Janine 17
Calimero 73
Cambon, Jules 86
Carton de Wiart, Henry 77
Charles, Prinzregent (1944-1950) 176
China 165
Christmann, Heidi 151
Clemenceau, Georges 83, 84, 87, 88, 91
Clerdent, Pierre 137, 139, 140, 189, 190
Colignon, Alain 152
Collinet, Roger 99, 152
Cremer, Freddy ... 16, 19, 125, 147, 148, 154, 156, 157, 164, 183, 190
Crowe, Sir Eyre 84
Curzon, Lord George (auch Curzon-Linie) 112, 116, 117

D

Dänemark 82
Dedeagac 85
Degrelle, Léon 166
Delacroix, Léon 115
Delvaux de Fenffe, Henry 90
Denikin (General) 114
Desrousseaux, Olivier 88, 89
Destatte, Philippe 160
Destrée, Jules 74
Deutsches Reich 39, 53, 63, 65, 67
Deutschland 7, 9, 12, 13, 15, 23-28, 32, 33, 35-39, 44, 48,
        50, 51, 54, 59, 64, 66, 75, 76, 82, 85, 87, 93,
        98, 99, 101-106, 108-110, 122, 130, 132,
        134, 146, 158, 165, 181
Dinant 91
Doepgen, Heinz 149, 151
Doorslaer, Rudi Van 160

Verzeichnis der Orts- und Personennamen

Douai 78
Dülffer, Jost 18, 53
Dünkirchen...78, 79
Düren 81

E

Eifel 74, 93, 101, 170
Elsass 60
Elsass-Lothringen 34, 65, 76, 87, 103
Elsenborn...93, 97, 98, 101
Embick, S.D. 84
Ermland 107
Erzberger, Matthias 57
Estland..30, 110
Eupen..15, 16, 19, 75, 77, 78, 89, 91-93, 97, 98, 101,
                                      125, 126, 131, 134, 136, 137, 139, 140, 159,
                                      165-173, 176-178, 180-189
Eupen-Malmedy..7, 19, 82, 91, 132, 134, 137,
                                      138, 148-152, 165-167
Eynatten..92
Eyskens, Gaston 177

F

Fagnoul, Bruno 154
Fickers, Andreas 157, 158
Fischer, Fritz..24-26
Flandern...79, 81, 93, 167
Foch, Ferdinand (Marschall)...84, 94, 116, 117
Franck, Paul 184, 186, 190
Frankreich 28, 35-37, 39, 44-46, 48, 52, 56-58, 60,
                                      63, 65, 75, 78-80, 82, 84, 86, 87, 91,
                                      95, 103, 115, 118, 121

G

Ganshof, François 88, 94, 97
Gdańsk (Danzig)..85, 106, 113
Genf..120
Gilson, Arthur 187
Givet 78
Goddeeris, Idesbald 19, 103
Goé...172

Verzeichnis der Orts-
und Personennamen

Griechenland...29, 40, 44, 48, 104
Grodno 117
Großbritannien 35, 37, 45, 46, 48, 52, 60, 75, 82, 87, 118
Grünebaum, Kurt 150
Guillaume (Baron)..77

H

Habsburg(er) 104, 105, 110
Haskins, Charles Homer..82, 84, 102
Headlam Morley, J.W...84
Hedjaz..84
Herbert, Ulrich..18, 23
Hertogenwald..91, 92
Hitler, Adolf...18, 24, 26, 68, 106, 180
Horthy, Miklos 106
House (Colonel)..47, 87
Hymans, Paul................19, 86, 89-91, 94-97, 101, 104, 115, 117-122

I

Irak...27, 45, 48, 84
Irland...45, 87
Istrien 104
Italien 26, 28, 29, 34, 35, 37, 60, 84, 105, 166

J

Jamar de Bolzée, Edmond...187
Japan...30, 47, 60, 66, 84
Jaspar, Henri...115, 132
Jenniges, Hubert..190
Jordanien 48
Juden..41, 108
Jugoslawien 12, 40, 104, 105

K

Kanada 76
Kato...84
Kaukasus 57
Kaunas 113, 116, 117, 119-121
Kettenis..92
Kiautschou (China) 30
Knutsford (England)...169, 179

Verzeichnis der Orts-
und Personennamen

Koblenz 78
Kofferschläger, Peter 178
Köln 78, 81, 150, 151, 168
Kossuth, Lajos 105
Krain 104
Kroatien 40, 105
Kronenburg 77
Krumeich, Gerd...26
Kurden 41
Kyll..89

L

Laroche...84
Lausanne 17, 104
Lechat, Jean-Jacques...183, 184
Legros, Elisée..150
Le Havre 75
Lejeune, Carlo 148, 154, 157, 159, 164, 169, 175
Lettland 106, 109-111
Libanon 45, 48
Lille 78
Limburg 74, 78, 81, 82, 86, 91, 93
Litauen......................19, 106, 109, 110, 112, 113, 116, 117, 119-121
Lloyd George, David...83, 85, 87
Locarno (Vertrag von) 67
London 37, 59, 77, 80, 81
Lontzen...92, 165
Lothringen...60
Löwen (Leuven)...165, 166, 177
Ludendorff, Erich 32, 54
Lüttich...15, 75, 77, 91, 95, 137, 145, 150,
151, 159, 171, 186, 188
Luxemburg (Großherzogtum) 74, 75, 77, 78, 83, 87-89,
91, 98, 129, 160
Luxemburg (Herzogtum)..77

M

Maastricht 86, 88, 95
Maglinse (General) 94
Mainz 169
Makedonien 85

Verzeichnis der Orts-
und Personennamen

Malmedy..........................15, 16, 19, 75, 77, 78, 87, 89-92, 94, 95, 97,
98, 101, 125, 126, 131, 134, 140, 171
Maraite, Joseph 143
Maria-Adelheid (Großherzogin von Luxemburg) 81
Marks, Sally..73
Marne 92
Masuren..107
Memel(land) 112-114, 117
Mesopotamien 45
Michel, Henri 150, 182, 185, 187, 188
Michel (General) 90
Mießen, Hubert 20, 163-190
Mießen, Werner...20, 148, 156, 163
Minsk...111, 112
Monschau..89, 92, 97
Moresnet 7, 15, 87, 92, 101, 134
Mosel 78
Moskau..119, 121
Müller, Hermann 63
Münster..160, 163

N

Namur 90
Napoleon I. (Bonaparte) 82
Neuilly (auch Vertrag von) 17, 103
Neuray, Fernand...74, 80
Neuseeland...36
Neutral-Moresnet ....s. Moresnet
Niederlande (auch Holland) 75, 77-79, 81, 82, 86, 98
Nord-Pas de Calais 78
Nothomb, Pierre...74, 77, 78
Nyssen, Leopold 186

O

Ombiaux, Maurice des 74
Osmanisches Reich 17, 29, 34, 39, 45-47, 57, 103, 104, 122
Ostbelgien 20, 127, 138, 149, 153, 155, 156-163, 169, 171,
172, 174, 177, 179-182, 184, 187, 190
Österreich...............17, 27-29, 33, 34, 39, 77, 103-106, 109, 110, 122
Ostsee 31, 35, 106
Orel (Russland)..169

Verzeichnis der Orts-
und Personennamen

Ortmann, Kurt 189
Oudenne, Paul A. 79
Ourthe 75, 91

P

Pabst, Klaus 150, 151
Palästina 27, 45, 48
Pankert, Reiner 189, 190
Paris 7, 17, 19, 23, 25-28, 30, 33, 35-37, 39-43, 45-50, 52, 59,
             60, 65, 76, 80, 82, 87, 88, 92, 96, 102, 103, 108, 111
Pepinster 92
Petliura, Symon 110
Petri, Franz 149
Pfalz 81
Pichon, Stephen 86
Piérard, Louis 74, 133
Piłsudski, Józef 112, 113, 118, 119
Poincaré, Raymond 60, 77
Polen 19, 29, 34, 36, 39, 40, 43, 44, 55, 64, 87, 105-113, 116-121
Potsdam 27
Poznań (Posen) 107
Prébald 79
Preußen 75, 77, 106, 107, 138, 139
Preußisch-Moresnet .... s. Preußen
Princeton 33, 35
Putin, Wladimir 54

R

Remersdael 93
Renard, Prosper 100
Renkin, Jules 77
Rheinland 62, 65, 81, 88, 149
Riga 108, 112
Ritter, Gerhard 23
Rolin, Henri 88
Rolin-Jacquemyns 88
Rom 59
Ruanda 27
Rumänien 40, 44, 104, 105
Rur 89

Verzeichnis der Orts-
und Personennamen

S

Saar 65, 86, 87, 113
Saint-Germain-en-Laye (auch Vertrag von) 17, 19, 103, 105
Saint-Jean-de-Maurienne..80
San Remo 48
Sapieha, Eustachy 117
Sauer 89
Scapa Flow (Schottland) 54
Schärer, Martin R. 152, 153
Scharte, Sebastian..160
Scheidemann, Philipp..62
Schelde..74, 78, 82, 86, 97
Schieder, Theodor..151
Schleiden 75, 77
Schlesien 99, 107, 108
Schleswig-Holstein..82, 99
Schwarzes Meer 31
Serbien 29, 40, 104
Sèvres (auch Vertrag von)..17, 103, 104
Skoropadskyj, Pawlo 110
Slowakei 29, 40, 105
Slowenien 40
Smets, Alfons..177
Smuts, Jan..47, 82
Sommer, Theo 146
Sourbrodt..84, 93
Sowjetunion (auch Sowjetrussland) 42, 60, 111, 112, 114,
116, 117, 121
Spa 109
Steiermark...105
St. Petersburg..77, 109
Stresemann, Gustav..38, 67, 68
St.Vith 17, 75, 77, 78, 91, 94, 125, 126, 131, 136, 137, 140
Südafrika..30, 36, 46, 47
Südtirol 29, 105
Südwestafrika..46
Suwałki 113, 117, 118
Syrien..45, 48

200

Verzeichnis der Orts-
und Personennamen

T

Tardieu, André 84, 86, 92, 93, 97, 99, 101
Teschen 108
Thedieck, Franz... 151
Toussaint, Heinrich 179
Trianon (auch Vertrag von) 12, 17, 39, 103, 105
Troeltsch, Ernst 61
Tschechoslowakei 39, 40, 42, 50, 64, 105, 108, 109

U

Ukraine 40, 55, 106, 110, 111
Ungarn 17, 27-29, 33, 34, 39, 40, 103-106, 122, 132
USA 28, 30, 33, 35, 37, 43, 44, 47, 50, 52, 60, 67

V

Valéry, Paul... 145
Vanden Boeynants, Paul 189
Vandervelde, Emile 86, 87, 133
Vanutelli-Rey (Graf) 84
Versailles (auch Vertrag von) 16, 23-26, 39, 54, 63, 64, 66, 68, 73,
82, 84, 85, 91, 103-109, 114, 116,
122, 131, 137, 169, 171
Verviers (auch Bezirk) 85, 92, 94, 95, 132, 167, 169, 172,
174, 175, 177, 178, 187
Voeren... 93
Vojvodina 105
Vranckx, Alfons 188

W

Walser, Martin 54, 128
Warschau 108, 111-113, 116-121
Washington 59
Weichsel 112
Weimar (Republik von) 18, 63, 66-69
Weißrussland 106, 110, 117
Wenselaers, Selm... 160
Werveke, Pierre Van 168, 173, 178
Wien (auch Wiener Kongress) 16, 27, 30, 75, 77, 131
Wiesbaden 169
Wilhelm II., dt. Kaiser.. 53, 58

Verzeichnis der Orts-
und Personennamen

Willems, Karl 184
Willequet, Jacques 80
Wilna 19, 103, 104, 113, 114, 114, 116, 118-121
Wilson, Woodrow (auch 14 Punkte-Programm)..18, 35, 36, 38, 47, 50,
51, 54, 55, 59, 60, 64,
69, 83, 87, 97, 106
Wintgens, René...167
Wirth, Joseph..67

Y

Yale 35
Yser 76, 79

Z

Żeligowski, Lucjan 113, 118, 119, 121
Zigeuner..41
Zimmermann, Hugo 136, 181-183, 186

Autoren

Balace, Francis (*1944), Prof. Dr. phil., bis 2009 Inhaber des Lehrstuhls für Neuere und Neueste Geschichte an der Universität Lüttich.

Brüll, Christoph (*1979), Dr. phil., *Chargé de recherches* des Fonds für wissenschaftliche Forschung (FRS-FNRS) am Lehrstuhl für Neuere und Neueste Geschichte an der Universität Lüttich.

Cremer, Freddy (*1957), Lizentiat der Geschichte, der Philosophie und der Religionswissenschaften. Lehrer an der Pater-Damian-Sekundarschule in Eupen.

Dülffer, Jost (*1943), Prof. Dr. phil., bis 2008 Inhaber des Lehrstuhls für Neuere und Neueste Geschichte an der Universität zu Köln.

Franke, Berthold (*1956), Dr., Leiter des Goethe-Institus Brüssel, Regionalleiter Südwesteuropa und Europabeauftragter des Goethe-Instituts.

Goddeeris, Idesbald (*1972), Prof. Dr. phil., Forschungsbereich MOSA der Katholischen Universität Leuven.

Herbert, Ulrich (*1951), Prof. Dr. phil., Inhaber des Lehrstuhls für Neuere und Neueste Geschichte an der Albert-Ludwigs-Universität Freiburg im Breisgau und Direktor der *School of History* am *Freiburg Institute for Advanced Studies* (FRIAS).

Autoren

Lambertz, Karl-Heinz (*1952), Lizentiat der Rechte, Ministerpräsident der Deutschsprachigen Gemeinschaft Belgiens seit 1999.

Mießen, Werner (*1945), Lizentiat der Philosophie, Dozent i.R. an der Autonomen Hochschule in der Deutschsprachigen Gemeinschaft.

Impressum

© GEV (Grenz-Echo Verlag), Eupen (B), 2012
www.gev.be
buchverlag@grenzecho.be

ISBN 978-3-86712-064-7

D/2012/3071/3

Konzept: Christoph Brüll

Layout: Grenz-Echo

Alle Rechte vorbehalten

Ohne ausdrückliche Genehmigung des Verlags ist es nicht gestattet, diese Publikation oder Teile daraus auf fotomechanischem (Druck, Fotokopie, Mikrofilm usw.) oder elektronischem Weg zu vervielfältigen, zu veröffentlichen oder zu speichern.

Printed in EU